CHILDHOOD IN THE THIRD REICH
World War II and Its Aftrmath

KINDHEIT IM DRITTEN REICH
Der Zweite Weltkrieg und seine Folgen

Westlake Publishing Partners, 297 Yaupon Valley, Austin, TX.

Some of these poems were first published in *The Bayou Review*; on the
internet at *PoetrySuperHighway.com;*
in *Suddenly III*; and *Beginnings Literary Magazine.*

LIBRARY OF CONGRESS CATALOGING IN PUBLICATION
DATA

Abikhaled, Kaye Voigt
Poetry in Egnlish / German; written and translated by the author.
First published by Mellen Poetry Press, 2001 (English).
A 2nd edition published by Westlake Publishing Partners, 2006.

ISBN: 0-9760053-3-6; ISBN13: 978-0-0760053-3-9

Childhood in the Third Reich: World War II and Its Aftermath –
Translation from English: - Kindheit im Dritten Reich: Der zweite
Weltkrieg und seine Folgen.

1. Third Reich – Germany 1933-1949 – Poetry.
2. World War II – History – Children.

I. Abikhaled, Kaye Voigt
II. Title.

Printed in the Univted States of America.

CHILDHOOD IN THE THIRD REICH
World War II and Its Aftrmath

KINDHEIT IM DRITTEN REICH
Der Zweite Weltkrieg und seine Folgen

A Bilingual Edition
of Poetry in Free Verse

Written and Translated
by
Kaye Voigt Abikhaled

Kaye Voigt Abikhaled

Westlake Publishing Partners
Austin, Texas

Dedicated to the Children of this World

Gewidmet: Allen Kindern der Welt

TABLE OF CONTENTS

INHALTSVERZEICHNIS

INTRODUCTION

This manuscript is partly autobiographic. It relates impressions of a six year old living in Germany at the beginning of World War II. When tides of war turned in favor of allied forces, when destruction and chaos within Germany ran rampant, children, lacking life's experience, were often left to find their own solutions to encountered terror, sudden trauma. Fortunately, because of the lack of adult experience, they are usually able to adjust more readily to new situations. Coupled with a God given mental resiliency, they come through traumatic times chafed and scarred, but no less steeled, mature, and hopefully, more compassionate than their elders. The author hopes that the content will be of value to those who contemplate military action in any form. To them the author advises: your own children will become pawns, victims, statistics, because where blood is shed, there is never true victory.

The author wishes to thank friends and fellow poets for their support, especially Neill Megaw, (dec.), Department of English, The University of Texas at Austin, whose exceptional tutelage proved of great benefit in the development of this poet. Deep gratitude is due Maj. Gen. Edward C. Dunn (dec.), who answered many questions concerning allied tactical accomplishments in those uncharted days of 1943-1945. Special thanks to The Mellen Poetry Press, Inc., who accepted the manuscript for a first publication. I am deeply indebted to the unflagging encouragement toward this translation into German by Helen-Agnes von Naso.

EINLEITUNG

Der Inhalt dieser Lyriken ist teilweise autobiographisch und beschreibt Eindrücke einer Sechjährigen zu Kriegsbeginn 1939.

Als sich der Krieg durch Zerstöhrung und Hunger in gefährliches Chaos entwickelte, waren Kinder oft auf sich selbst gestellt und mussten versuchen, mit ihren Ängsten und erlebtem Entsetzen selbst fertig zu werden. Begrenzte Lebenserfahrungen waren ein Segen Gottes, denn sie konnten auf diese Art Eindrücke unbeteiligt hinnehmen und neutral auslegen. Wohl seelisch verletzt, konnten sie dennoch ein erhöhtes Mitgefühl und Mitleid für Andere entwickeln. Die Autorin hofft, dass der Inhalt dieses Buches für Erwachsene sowie für junge Leute hilfreich ist, wenn politische Ereignisse drohend am Horizont stehen. Jene, die sich für Kriegsführung und für militärische Unternehmen interessieren, darf folgender Hinweis zu Rate stehen: eure Kinder und alle Betroffenen, fern oder nah, werden zu Opfern, zu Nummern in Statistiken, werden Schachfiguren der Weltgeschichte, denn wo immer Blut strömt wird nie wahrer Sieg errungen.

Die Autorin möchte sehr ihren Lyriker Freunden danken, besonders Neill Megaw†, Englisch, University of Texas at Austin, der mit hervorragendem Beispiel viele Lyriker zur Reife brachte. Mit Dankbarkeit nahm ich auch Ratschläge von Major General Edward C. Dunn† an, der viele Fragen über militärische Strategien in den gesetzlosen Zeiten 1943-1945 beantworten konnte. Besonderen Dank gilt der Mellen Poetry Press, die mein orginales Manuscript veröffentlichte. Mein grösster Dank für ungeteilte Ermutigung in der Übersetzung dieses Buches gehört Helen-Agnes von Naso.

BERLIN

When we were children and lived in Berlin
life was regulated and never changed
except on Saturdays.
Floors were waxed and buffed
and then declared off limits.
Rugs, beaten, brushed, fringes aligned,
islands of safety
over shiny floors,
rug to rug in big steps,
conditions pristine.
The house upside down,
the kitchen a bastion of culinary activity
where cakes baked, fruit simmered, molds sat,
and cream gleaned for whipping.
Scooped from emptied kitchen bowls and beaters
we savored raw dough,
tested courage grating lemon peel.
Scents of rose water and spices wafted through the house
gourmet battles fought and won.
Children, high strung,
held on to good behavior.

Finally, on Sunday,
at twenty minutes past three answering a shrill bell
reverberating in his cozy downstairs apartment
the Hausmeister opened the tall oak door
which heavily regressed with just a quiver of resistance.
His business, to know who came, who went, and why.
Subservient demean to adults,
a vicious gleam for children,
surreptitious pinches that hurt.
Adjusting handlebars with the back of an index finger,
he bowed low, wishing a pleasant afternoon.

2

BERLIN

Als wir Kinder waren und in Berlin wohnten -
jeder Tag war streng geregelt, nichts änderte sich
ausser Sonnabend.
Böden gewachst und poliert
Teppiche geklopft, gebürstet
Fransen gekämmt und glatt gelegt.
Sicherheitsinseln auf glänzenden Böden
mit großen Schritten von Teppich zu Teppich.
Das Haus durcheinander
in der Küche kochender Trubel.
Im Ofen backten Kuchen,
auf dem Herd simmerten Früchte
im Eisschrank setzte sich Gelatine
und am offenen Fenster stand Vollmilch und wurde Sahne.
Wir durften aus geleerten Schüsseln
und von Schneebesen rohen Teig schlecken
Mut beim Zitronenschale reiben
gemessen und bewiesen.
Nelken, Zimt und Rosenwasser
dufteten durch das Haus –
Speiseschlachten gefochten und gewonnen!
Nervös und gereizt klammerten wir Kinder
uns an gutes Benehmen.

Endlich, am Sonntag zwanzig Minuten nach drei klingelte
    es schrill. Der Hausmeister kam von seiner kleinen
    Wohnung und öffnete
die schwere Eichentür, die mit leichtem
Widerstand langsam aufschwang. Seine Aufgabe war zu
    wissen wer kam und wer ging.
Mit heimlicher Schadenfreude grinste er uns an
und kniff wo es weh tat.
Er gab seinem lackierten Schnurbart
einen gefingerten Aufschwung und verbeugte sich.

3

The table was set and sparkled.
Glazed fruit cake, fluffy hazelnut cream cake
sponge cake with raspberry jam oozing out its ends,
cheese cake topped with strawberries,
and a Black Forest torte its cherries and
buttery cream laced naughtily with Kirsch.

Children at a separate table,
nothing was to spill, not a crumb
must drop. Cups of hot chocolate emptied
and plates scraped clean, we were advised
to retreat into the shady green of the garden
where we cut loose and made all the noise we wanted.

Adults discussing politics and poodle care
happy voices, hilarious laughter
background music to children's playing.
A golden sun lingering on the northern horizon
and guests leaving through the marble foyer
past the Hausmeister who rushed
to open the door with flushed face and bulbous nose
suppressing a belch,
steadying his bulk against the door.

Those days, our house
teemed with friends and relatives
who stayed until all hours.
Tugged into beds we strained to listen
to conversations echoing on sleepy minds.
Good days they were, disciplined but happy and content.
In sheltered existence we assumed
the whole world to be the same,
and we lived day to day without worry, somnolent.

Der Kaffee Tisch war gedeckt und funkelte.
Glasierter Fruchtkuchen, eine federleichte Haselnusstorte
nebst einer Kuchenrolle aus der von beiden Enden
Brombeer Marmelade quoll, Käsekuchen mit Erdbeeren
und eine Schwarzwälder Kirschtorte in der sich
Butterkrem und feiner Likör versteckten.

Kinder saßen am Katzentisch.
Nichts durfte verkleckern, kein Krümchen
vom Tisch fallen. Wir bekamen Kakao zu trinken,
schabten unsere Teller sauber und durften danach
im schattigen Garten spielen und soviel Geschrei
machen wie wir wollten.

Erwachsene unterhielten sich zwanglos, heiter
über Alles, von Politik zur Pudelpflege und
manchmal klang ihr volles Gelächter in den Garten -
Hintergrund-Geräusche für unser spielen.
Die goldene Sonne zögerte am Horizont als unsere Gäste
endlich Abschied nahmen und durch das Marmorfoyer
am Hausmeister vorbei, der eilig die Eichentür öffnete
mit rotem Gesicht und leicht wankend
einen Rülpser unterdrückte.

Damals war das Haus
voll Besucher, Freunde, und Verwandte
die kamen und lange schöne Stunden verbrachten.
Wir Kinder hörten ihren Gesprächen zu
das wie Musik klang, wenn wir abends in unseren Betten
kuschelten und dabei zufrieden einschliefen.
Es waren gute Tage, wir lebten diszipliniert
aber zufrieden und glücklich.
In geschützter Umgebung wuchsen wir auf
und dachten die ganze Welt wäre so.
Wir waren zufrieden und hatten keine Sorgen.

This was Berlin in the early nineteen thirties
where good times were a way of life
making the heart glad, fire the imagination
of all the possibilities life has to offer.
We were happy.
Life was good.
The world was good.

TELTOW

The new neighborhood lay isolated
far from the city.
Beyond lay Eastern Pomerania and Silesia
where grain was grown to the horizon,
where deer, wild boar and wolves hid in dense forests.
Neighbors relied on one another, became friendly.
With the help of a bricklayer and a carpenter
father joined others on weekends
in creating his own world.
A basement garage and workshop,
chicken coop and storage area
took time to excavate and waterproof by hand.
With our new breed of playmates
we climbed piles of lumber stacked high,
hop-scotched, played hide and seek
and learned to defend ourselves
instead of getting beat up.

On our right lived an old couple,
as old as our grand parents.

Dies war unser Berlin in den dreißiger Jahren
wo unser Herz glücklich war
wo Phantasien keine Grenzen kannten
und wir dem Leben hoffnungsvoll entgegensahen.
Wir waren zufrieden
Das Leben war schön
Die Welt war in Ordnung

KREIS TELTOW

Die neue Nachbarschaft lag isoliert
weit von der Stadt entfernt.
Weiter östlich waren Pommern und Schlesien
wo das Getreide bis zum weiten Horizont wuchs
wo sich Rotwild, Wildschweine und Wölfe
in dichten Wäldern versteckten.
Nachbarn verließen sich auf einander
wurden gute Freunde.
Wie alle anderen in der Gegend
baute mein Vater unser Haus
mit Hilfe eines Maurers and einem Zimmermann
und schaffte seine eigene Welt für sich und seine Familie.
Es dauerte lange bis er die Garage mit Werkstatt
den Lagerraum und Hühnerstall mit der Hand
ausgegraben und wasserdicht angelegt hatte.
Wir spielten mit den Kindern in der Nachbarschaft
kletterten über Baumaterialien, hüpften
Himmel und Hölle und schlüpften
in die kleinsten Verstecke.
Wir lernten uns zu verteidigen
um nicht dauernd verhaut zu werden.

Auf unserer rechten Seite wohnte ein Ehepaar – uralt,
so alt wie unsere Grosseltern.

We treated them with respect
loved them as if they were family
and learned to speak their yiddish.
    Don't step on my Bollen, you, makes me mishugge,
Mrs. Zengler called down from her upstairs window.

We never touched her onions or set foot in her garden
which was surrounded by a strong fence that had no gaps.

A Polish family lived on our left, rough and crusty.
A number of sons, always dirty,
never paid attention to us, thank heaven.
These people were quaint to watch
especially when they had friends visiting.
Aiming for the chickens
they heaved empty beer and wine bottles over the fence
in discuss-like fashion
and with gusto
we repeated their unfamiliar Polish phrases.
Our parents were aghast at our new language.
We were instructed not
to listen nor repeat
what these interesting people said.

The tailor lived next to the Poles'
and the mayor's children lived a block over.
We were sometimes allowed to play at the mayor's house.
Their cats urinated anywhere they wanted and made us sneeze.
In a fit of energy we took it upon ourselves one day
to clean the floor of their garden shed,
a first for this structure.
Pouring buckets of water
on the dusty wooden floor
we created a thick layer of mud,

Wir hatten Respekt vor ihnen und liebten sie
wie unsere eigene Familie und lernten
ihr jüdisches Deutsch.
    Tret mich bloß nich of meene Bollen,
    macht mich mishugge,
rief Frau Zengler oft
vom Fenster herunter.
Wir sind nie auf ihre Zwiebeln getreten,
waren nie in ihrem Garten
der von einem dicken Zaun
umgeben war und keine Lücken hatte.

Links von uns wohnte eine polnische Familie
bäuerlich ungehobelt.
Da waren Söhne, immer schmutzig, die sich
nie um uns kümmerten, Gott sei Dank.
Die Familie war interessant
besonders wenn sie Besuch hatten.
Junge Leute sonnten sich dann im Garten und
zielten mit leeren Bierflaschen auf unsere Hühner
in Diskus-Art über den Zaun.
Mit Wonne wiederholten wir ihre polnischen Ausdrücke.
Unsere Eltern waren entsetzt über solche Aussprüche
und verbaten uns zu zuhören, noch
zu wiederholen was diese interessanten Leute sagten.

Der Schneider wohnte neben den Polen
und die Kinder des Bürgermeisters wohnten
zwei Strassen weiter. Ihre Katzen benutzten überall
das Haus und wir niesten kräftig wenn wir dort spielten.
Eines Tages wollten wir helfen
und machten das Gartenhaus sauber
was noch nie vorher geschehen war.
Wir gossen mehrere Eimer Wasser
auf den staubigen Boden
rührten eine dicke Suppe Schlamm,

9

cat dung and hair balls.
With great effort we swept it out the door
where the mess became a big puddle
with an even bigger stink.
We were told to go home and not come back.
Father was angry because we had ruined
his good standing with the mayor.

At the corner of the long street
leading to market and the train station
there lived a small-boned dark-skinned family.
Their oddly articulated German was difficult to understand.
Six small girls and finally a son were born,
one each year.
They spoke in voices high pitched like birds chirping.
They had time on their hands,
sat in their garden or on their front stoop
laughing and chirping.
Their happy sounds echoed through the neighborhood
strange and foreign.
The neighbors called them The Turks.

Mrs. H. lived at the far bend
where the road lead off into distant country,
on to the steppes of the eastern flat lands,
to Poland and beyond.
With her unsuspecting husband
and soon-to-be three children
she entertained the neighborhood men
bouncing strawberry hair
and flashing a come hither smile,
singing off key in a trilling voice.

Katzenmist und Katzenhaare an.
Mit großem Aufwand kehrten wir das Ganze
über die Türschwelle in den Garten
wo es eine stinkende Pfütze produzierte.
Wir wurden nach Hause geschickt und angewiesen
nicht wieder zu kommen.
Vater war wütend, denn nun war sein
gutes Ansehen beim Bürgermeister dahin.

An der Ecke der langen Strasse
die zum Markt und Bahnhof führt,
wohnte eine dunkelhäutige Familie.
Kleine Gestalten, deren Deutsch eigenartig klang
und die wir kaum verstehen konnten.
Sechs Töchter und endlich ein Sohn
wurden geboren, jedes Jahr eins.
Ihre Stimmen klangen wie Vögel,
hoch und zwitschernd.
Sie hatten immer Zeit
saßen in ihrem Garten
oder auf der Treppe vor der Tür
lachend und zwitschernd.
Ihr eigenartiges Zirpen klang
durch die Nachbarschaft
andersartig, ausländisch.
Die Nachbarn nannten sie die Türken.

An der entfernten Straßenkurve
dort wo die Strasse in die weite Welt ging
zu den Steppen der östlichen Flachländer
nach Polen und weiter in den Osten wohnte Frau H.
Obwohl schwanger, unterhielt sie die Männer
der Nachbarschaft mit ihren rotblonden Locken
die sie hübsch zu schütteln wusste.
Mit einladendem Lächeln
trillerte sie Lieder total unmusikalisch.

My father found her irresistible.
It made my mother furious
and one day we suddenly took the train
to Berlin without telling anyone.
Father appeared a few days later
looking haggard and clearly worried.
We eventually returned in spite of Mrs. H.

When winter deepened into December
and temperatures sank far below freezing
snow fell night and day
and lay deep, dry and fluffy
under the gray Nordic sky.
The world became silent
clouds touching the earth
at the end of the street.
Snug in our beds
under the slanted roof
we shivered at the sound of wolves
who came in packs
husking in famished howling,
pawing for the chickens
tucked away in the basement.

Next morning's snow drifts
revealed tracks we strained to identify
never noticing the cold
charged as we were with exploratory probing
millions of multi-faceted flakes
in the shifting delicate white.
Hanging from the edge of grey clouds
time stood still and kept us cozy,
at peace, utterly content and happy
in winter's down feathered arctic circle.

Vater fand sie unwiderstehlich.
Mutter war darüber wütend und eines Tages
fuhren wir mit der Eisenbahn nach Berlin
ohne jemand etwas davon zu sagen.
Vater erschien nach ein paar Tagen
verstört und beängstigt.
Wir kehrten schließlich zurück, trotz Frau H.

Als Winter zum Dezember schritt
und die Temperatur weit unter Null kroch
fiel der Schnee Tag und Nacht
und lag tief, trocken und flockig
unter dem grauen nordischen Himmel.
Die Welt wurde ganz still.
Am Ende der Strasse
lehnten sich die Wolken an die Erde.
Eingekuschelt in unseren Betten
unter dem Mansardendach
hörten wir auf Wölfe
die in Horden kamen
in verhungerter Heiserkeit
nach den Hühnern im Keller heulten
und uns zum Zittern brachten.

Am nächsten Morgen sahen wir Spuren
in den Schneewehen die wir mit großem Interesse
zu erkennen versuchten
ohne zu bemerken wie kalt es war
so beansprucht waren wir mit Millionen
von Schneeflocken, keine zwei die selben,
in dem zarten, wechselnden Weiß.
Zeit stand still und hielt uns warm
vollkommen befriedigt und glücklich
im Winter Federbett des nordischen Kreises.

When snow finally melted
muddy meadows greened anew
and mussels plied narrow passages
in salty ground waters
along the sandy creek
behind the house.
Wheat fields appeared in tender hues
of sprouting grain, carefully surveyed
for even growth by the land voigt,
whose silhouette appeared on the horizon,
bent over the neck of his horse,
traversing fields at full gallop
and disappearing again at the other end of the earth.
Our imagination endowed him with divine powers
of making things grow.
We longed to see him up close someday
to gaze upon this superman
who had absolute power over the earth.

Those formative cold winters
hot summers were short lived.
Soon no visitors came.
Adults were impatient, frustrated, fearful, angry,
often at odds with one another.
Children tip toed around the edges of their arguments
surprised, confused, panicked, mute.

Wenn im Frühjahr der Schnee endlich schmolz
und die matschigen Wiesen wieder grünten
schnitten Muscheln ihre schmalen Bahnen
im salzigen Grundwasser des sandigen Bachs
hinter dem Haus.
Weizenfelder erwachten in sanften Farben
vom Landvogt sorgfältig überwacht.
Seine Silhouette erschien am Horizont
über den Hals des Pferdes gebeugt
in vollem Galopp warf er Drahtfähnchen
wo Nachsaaten nötig waren
und verschwand wieder am anderen Ende der Welt.
In blühender Phantasie glaubten wir an seine Macht
und hofften ihn einmal nahe zu sehen,
diesen Supermann der alles zum Wachsen brachte,
der volle Macht über die Erde hatte.

Diese langen erlebnisreichen kalten Winter
und heissen Sommer waren allzu kurz.
Bald kamen keine Gäste mehr zu Besuch.
Erwachsene waren ungeduldig, enttäuscht,
angstvoll, ärgerlich,
oft miteinander im Widerspruch.
Wir Kinder gingen auf Zehenspitzen
um ihre Auseinandersetzungen herum
erstaunt, verwirrt, erschreckt, stumm.

MESSERSCHMITT

No one anticipated the magnitude of a second World War,
the Reich confidently stumbled into it.
Little changed at first.
Adults made jokes,
six months more or less, they said.
Ration cards
gradually forced nutrition consciousness,
mandatory attendance at air raid drills
a Sunday occupation.
Windows tightly curtained at dusk,
cities in darkness.
Patrols of SS with authority to enter homes without warrants
walked streets at night,
checking.

We moved to Augsburg.
The ancient city is steeped in illustrious past.
A Roman outpost, look-out and trading post,
later a walled city of moats and double gates,
towers and turrets.
From their fields farmers retreated to safety
when marauding Huns on fast ponies
swooped west to plunder and burn.

Under ancient narrow streets,
under churches and commercial buildings
are catacombs
where Augsburg's breweries
store 28-proof nectar for aging.

MESSERSCHMITT

Keiner glaubte an das Ausmaß eines zweiten Weltkrieges,
das deutsche Reich stolperte leichtsinnig hinein.
Zuerst änderte sich nicht viel.
Erwachsene machten sich über den Krieg lustig –
sechs Monate oder so, sagten sie.
Lebensmittelkarten zeigten uns aber,
dass man mit Lebensmitteln sparen musste.
Sonntage waren für Luftangriffsausbildung vorgesehen.
Fenster wurden abends verdunkelt
Städte lagen in Dunkelheit.
SS Soldaten patrouillierten nachts durch die Strassen
hatten Vollmacht Wohnungen zu durchsuchen
wenn sich jemand nicht an diese Regeln hielt.

Wir zogen nach Augsburg,
uralte Stadt mit berühmter Vergangenheit.
Ein römischer Außenposten und Handelsknoten
entwickelte sich später als Festungsstadt
mit Burggräben und doppelten Stadttoren,
mit Türmen, Zwingern und Festungstürmchen.

Bauern fanden in der Festung Sicherheit
wenn die Hunnen auf ihren kleinen schnellen Pferden
in Massen nach Westen rasten, plünderten
und das Land in Flammen setzten.

Unter den uralten schmalen Strassen
unter Kirchen und Handelshäusern
sind heute noch Katakomben
wo Augsburg's Brauereien
ihr 28 prozentiges Bier zur Reife bringen.

Living confined on one floor
of a five story apartment building,
we were assigned a postage stamp area
in the community garden in the rear.
An architect and his impressive Swedish wife
lived next door.
A well known gymnast, he had built
an exercise hall for her on the ground floor
where my sister and I took lessons.
A ballet teacher rented the hall as well.
Each brought their own piano player
who banged bruised keys as accompaniment
for physical contortions.
From morning to evening,
Monday through Saturday,
the sound of a piano clinked.
And when in winter
the poorly tuned instrument was silent
mother gave us extra doses of cod liver oil
because she knew students had come down
with flu and whooping cough
and lessons were suspended.

Located on our right was a breed unto themselves:
a fitness center for boxers and sports gymnasts
who pummeled punching bags,
clanked spring boards, clattered rings
afternoons and evenings, especially on weekends
when the restaurant and bar were open.
Raucous laughter, drunken yodeling,
hoarsely shouted obscenities filled the air.
Through slats in wooden window shades
we watched gymnasts

18

Wir wohnten eng im Parterre
eines fünfstöckigen Miethauses und bekamen
eine kleine Ecke im Hintergarten zugeteilt.
Ein Architekt und seine eindrucksvolle
schwedische Frau, eine berühmte Gymnastikerin
wohnten im Haus nebenan.

Der Architekt baute ihr eine Gymnastikhalle
wo meine Schwester und ich Unterricht nahmen.
Eine Ballettlehrerin mietete die Halle
dreimal in der Woche. Beide Lehrer brachten ihre
eigenen Klavierspieler mit, die auf dem alten
Klavier die Tasten tüchtig beschlugen
um Muskulaturen zu stärken.

Von morgens bis abends,
Montags bis Sonnabends
hörten wir das klimpernde Klavier
und wenn das arme verstimmte Ding
im Winter stille war mussten wir löffelweise
Lebertran schlucken, denn unsere Mutter wusste,
dass die Kinder mit Grippe und Keuchhusten
zu Hause im Bett lagen und niemand
sich tanzend oder gymnastisch verrenken wollte.

An unserer rechten Seite hauste eine besondere Gruppe.
Hier war die Turnhalle für Boxer und Sportturner
die eifrig Knuffsäulen beschlugen,
auf Sprungbrette knallten
und mit Turnringen klapperten.
Jeden Nachmittag und Abend
und besonders an Wochenenden
wenn das Restaurant und die Bar offen waren
hörten wir ordinäres Gelächter, betrunkenes Jodeln,
heisere Zoten durch die Schlafzimmer Wände
und wir beobachteten durch die Jalousien

19

soaked in drying sweat,
grubbed and swigged
attempt a straight line to the street.

Life ran along this neighborhood
of noisy background music in or out of tune,
of physical exercise in Russian ballet,
Swedish gymnastics,
boxing matches and Olympic training,
and our high strung family fitted right in.

Piano lessons at Mrs. Reinhold's
were adventurous half hours in spite of aversion
to practice. Her family of five children and ever absent
husband lived on the sixth floor in the neighborhood
high above everyone else.
Racing up the circular stairway, always late
we heard children wailing, stammered piano recitation.
Her shouts of WRONG, F SHARP!
came from the kitchen
were onions were always brazing,
or from the bedroom
where someone was being diapered.
When miserably recited lessons
deteriorated into total jumble
she swept into the small music room
thrust oniony hands over students' shoulders
and played the passage onto sticky keys
in frustrated staccato fury,
instantly setting music right.

Two years of child-like musical attempts
ended abruptly when at Christmas my father decided
that I would advance to playing violin instead.
My present, a cheap instrument of screeching tone.

schwitznasse, dreckige Sportler
die schwankend eine gerade Linie
zur Strasse versuchten.

Unser Leben stolperte in dieser Nachbarschaft
mit lautem Klimpern und Übungen
im russischen Ballett, schwedischer Gymnastik,
Boxen und olympischem Trainieren entlang
und unsere nervöse Familie
passte genau dazwischen.

Bei Frau Reinhold gab es Klavierstunden -
immer abenteuerlich trotz ungeübten Aufgaben.
Fünf Kinder und ihr oft abwesender Mann
lebten im sechsten Stock in der Nachbarschaft.
Es war das höchste Miethaus der Stadt.
Meistens zu spät, rasten wir den runden Treppengang hinauf
und hörten schon von ferne Kindergeschrei
und stotternde Klavierübungen.
Frau Reinholds Rufe, FALSCH, FIS
kamen meistens aus der Küche
wo immer Zwiebeln bräunten,
oder vom Schlafzimmer wo jemand gewickelt wurde.
Wenn kaum geübte Stücke total verspielt
in volles Chaos sanken
rauschte sie in das kleine Musikzimmer
warf Zwiebelhände über Schülerschultern
und spielte die Übung auf klebrigen Tasten
mit enttäuschtem Staccatozorn
und brachte sofort alles wieder in Ordnung.

Zwei Jahre solcher Kindermusik
endete plötzlich als Vater sich entschied
dass einer von uns Geige spielen müsste.
Mein Geschenk, ein billiges Instrument
mit kreischendem Ton.

Professor Klein, retired violinist virtuoso
consented to give lessons
for bribery and money.
He lived on the third floor above us.
With hands clasped behind his back,
rocking from heels to his toes,
he exaggerated intermittent yawns
suffering barely rehearsed lessons.
I disliked the man and his prurient self adoration
who was in love with the huge diamond he wore
on his right pinky.
Once a week for two years
Professor Klein and I tortured each other.
His mumbling on harmony fell on deaf ears.
He finally took my father aside
and gravely informed him
of his daughter's obvious lack of talent.
I can still remember how happy I was
at having failed so completely.

Professor Klein, Virtuose im Ruhestand
stimmte zu für Schmeichelei und Geld
Unterricht zu geben.
Er wohnte im zweiten Stock über uns.
Mit hinter dem Rücken gefalteten Händen
schaukelte er von Hacken zu Zehen
und gähnte hin und wieder mit Übertreibung
wenn er meine kaum geübten Stücke hörte.
Ich konnte ihn nicht leiden, er, der sich in seine
eigene Wichtigkeit lüstern verstieg
und in seinen Riesen-Diamanten verliebt war
den er auf dem kleinen Finger
seiner rechten Hand funkeln ließ.
Jede Woche, zwei Jahre lang
folterten wir uns, der Professor und ich
bis mir sein Murmeln über Harmonie zuviel wurde
und ich nicht mehr auf ihn hörte.
Er nahm schließlich meinen Vater zur Seite
und informierte ihn, dass seine älteste Tochter
wirklich kein Talent zum Geigenspiel hätte.
Ich weiß heute noch wie glücklich ich war
so vollkommen versagt zu haben.

MANHUNT

Aberrant sound roused deep sleep,
hair rising in terror unknown.
Sound, inhuman
made by a human
father pacing
steps thudding around and around
the dining room table
an animal caught, insane.
Screaming on top of his voice,
mother soothing, warning
   ...neighbors will hear
   don't wake the children...
on he screamed and thudded
mother talked, talking.
I heard fragments:
   ...there is nothing you can do...
   must do what they say...
   but...my math professor, for God's sake...
   you can't go against the Reich...
   we are in danger...
   think of the children...
   she died in 1912, when I was eight
   how can they hold that against us?
And he thudded and thudding his voice
slowly lowered and lowering finally broke
and came in hoarse half whispered shouts
as a life loosing grip, slowly dying.

MENSCHENJAGD

Irrendes Geräusch erweckt aus tiefem Schlaf
Haar steht zu Berge in unbekanntem Entsetzen
Grausames Geräusch, unmenschlich
vom einem Menschen kommend
Vaters harte Schritte
dumpfes Laufen,
rund und rund um den Esstisch
wie ein gefangenes Tier, wahnsinnig.
Seine Stimme kreischend,
Mutter besänftigend, warnend
... die Nachbarn hören es
... weck die Kinder nicht
er aber kreischt weiter und
trampelt weiter
Mutter beruhigend, besänftigend.
I höre hin und wieder:
    ... man kann nichts machen
    muss machen was sie sagen...
    aber...mein Mathematik Professor,
    Himmel Gott noch mal...
    du kannst dich nicht gegen das Reich stellen...
    wir sind in Gefahr
    denk and die Kinder...
    ... sie starb doch 1912 als ich acht Jahre alt war
    wie kann man das gegen uns halten?
Und er stampfte weiter und weiter und seine Stimme
wurde langsam leiser und heiser und im Abklang
brach schließlich und kam nur noch in heiseren
halb geflüsterten Stößen
ein Leben das seinen Weg verliert,
das langsam versinkt.

My father had been met by a group of SS and Gestapo
at the Munich rail station who were to give him
a tour of 'safe' locations for transfer
of the Messerschmitt plant.

A cold November morning
sleeting rain hampering visibility.
They walked a barbed wire fence
along deserted property.
Lone figure dressed in prison black-white
standing motionless inside its divide.
Emaciated, in sandals sunk into mud.
Mounting consternation,
recognizing him, his respected math professor
at the University of Berlin. Agitated,
father asked what this facility was.
　　Prison camp for political offenders,
　　I know this man, he is not an offender, why is he here?
　　It would behoove you to remember the reason
　　for the trip and not concern yourself with
　　what is none of your business.
Heated argument, cut short when told:
　　We can easily make arrangements
　　for you to join your friend, also for
　　your four children and wife, whose mother,
　　we happen to know, was American?

The beginning of the end for my father
who that day and that night
lost belief in his country, its leader and minions
as he realized what political insanity
was schemed and knew

Vater wurde von einer Gruppe SS und Gestapo
am Münchener Bahnhof abgeholt. Eine Tour
zu „geschützten Orten" zur Umsetzung
der Messerschmitt Anlage.

Ein kalter November Morgen
matschiger Regen und Schnee hinderte die Tour.
An einem hohen Stacheldraht entlang
ein verlassenes Feld.
Eine einzelne Figur in schwarz-weißer Gefängnis-
Uniform stand auf der anderen Seite.
Verhungert, regungslos, in Sandalen eingesunken
im Matsch. Mit zunehmender Bestürzung
erkannte mein Vater ihn,
sein geehrter Mathematik Professor
von der Berliner Universität.
Vater fragt was dieses Gelände ist.
...Gefängnis für politische Verbrecher.
Ich kenne diesen Mann, er ist kein Verbrecher,
warum ist er hier?
Es wäre besser wenn Sie sich an ihre Aufgabe
hielten und sich nicht in Dinge
mischen die Sie nichts angehen.
Heiße Auseinandersetzung, unterbrochen:
Wir können es gerne arrangieren
Sie bei Ihrem Freund unterzubringen,
und auch ihre vier Kinder und ihre Frau
deren Mutter Amerikanerin war
eine Tatsache die uns bekannt ist.

Das war der Beginn des Endes für meinen Vater
der an diesem Tage und in dieser Nacht
den Glauben an sein Vaterland,
den Führer und dessen Günstlinge verlor
als es ihm klar wurde welch politischer Wahnsinn
geplant war und er plötzlich wusste

that the war had to be lost
and would most certainly be lost.
Never again himself, he put on the blindfold
of work uninterrupted, care unfelt, and
from then on meted punishment with vengeance
at real or imagined infractions.
In silence we suffered
and began to hate.

AIR RAID

On a wintry afternoon
allied bombers destroyed the Messerschmidt plant south of
Augsburg
where my father designed aircraft.
Augsburg's citizens watched in amazement
as hundreds of bombers
dropped thousands of incendiary bombs which
transformed the horizon into a huge wall of fire and smoke.
We stood on the roof of the apartment and marveled
at the pretty airplanes
flying in formation
dotting the gray-blue of the sky
like flowers in a carpet.
Droning into view
with a deep sounding hum
advancing in straight lines of intent
they released black spots.
None sought shelter
until explosions rocked the city.

dass der Krieg verloren werden musste
und wahrscheinlich schon verloren war.
Er wurde ein anderer Mensch
der sich von nun an die Scheuklappen
ununterbrochener Arbeit aufsetzte,
alle Gefühle begrub, sich an uns
mit strengen Bestrafungen über wirkliche
oder angenommene Vergehen
mit kalter Rache befriedigte.
Wir lernten zu schweigen
und lernten ihn zu fürchten.

FLUGANGRIFF

An einem Winter Nachmittag
zerstörten alliierte Bomber die Messerschmitt Anlage
südlich von Augsburg wo mein Vater
Flugzeugpläne entwarf.
Augsburger schauten mit Erstaunen
als hunderte von Bomber
tausende von Brandbomben auslösten
die den Horizont in einen riesigen Feuerball
und große Rauchwolken verwandelten.
Wir standen auf unserem Dach
bewunderten die hübschen Flugzeuge
die in Formation den grau-blauen Himmel
wie kleine Blumen in einem Teppich schmückten.
Mit tiefem Dröhnen
erschienen sie am Horizont
flogen in direkter Linie über uns hinweg
entließen kleine schwarze Flecken.
Niemand dachte an Schutzanlagen
bis Explosionen die Stadt
zum Wanken brachten.

We scrambled from the roof into a basement room
reinforced to serve as a bomb shelter.
Taking off for the plant at first sight of the bombers
father left in a hurry.
Mother was tight-lipped and looked pale.
By nightfall he reappeared,
a forced smile on his face:
Well, we can stick that up our rears,
he said through clenched teeth.

That night the bombers returned.
Twice in number,
they headed for the city itself
approaching fast
bombs flying almost instantly,
warning sirens never had a chance at message.
Few took time to slip on coats and shoes;
bombs crashing all around.
The earth shook,
the building swayed,
walls cracked,
a fine mist of mortar dust
enveloped opaque.
We could not breathe
nor see one another
sitting crowded in the bomb shelter
coughing, heaving,
passing rags,
soaked in stashed drinking water
pressing them over faces inhaling deeply.

Erst dann rannten wir in den Luftschutzkeller
der aus Beton abgesichert war.

Sobald er den Anflug der Bomber sah
eilte mein Vater zum Messerschmitt Gelände.
Mutter war blass und stumm.
Am Abend kam er zurück
forciert lächelnd und sagte durch
geklemmte Zähne: Das können wir uns
ja nun in den Arsch stecken.

In der Nacht kamen die Bomber zurück
zweimal so viele
stürzten sie sich auf die Stadt.
Bomben flogen im Handumdrehen,
die Luftschutzsirenen hatten nicht einmal Zeit
uns zu warnen.
Wenige zogen sich Mäntel und Schuhe an
Bomben explodierten überall.
Die Erde bebte
Gebäude schwankten
Wände spalteten sich
dicker Betonstaub umhüllte uns.
Wir konnten weder atmen
noch einander sehen
obwohl wir dicht an einander gepresst
im Luftschutzkeller saßen
keuchten und husteten.
Jemand tauchte Tücher in Notwasser
die wir über Mund und Nase hielten
und tief aufatmeten.

Explosions rocked the city without letup
for what seemed an eternity.
Deafening roar of impact,
a toppling, collapsing, hissing, gushing, screaming hell.
Stopping up ears, doubling over
we waited for the end
hour after horrifying hour
until at long last the nightmare was over.

Walls still stood around us
but the door to the bomb shelter would not open.
Someone had to exit the emergency tunnel:
Mr. Freytag couldn't because he was too fat.
Mr. Ruff was too old,
Professor Klein certainly wouldn't.
My father, the hero, made his way through the tunnel.

Met by a towering inferno
night was lit as day.
Like giant pumpkins into whose cranial cavities
huge candles had been set,
windows and doorways
flamed up with a roar.
Rafters, furniture,
huge cases of leather bound books
irreplaceable works of art
crashing through melting ceilings,
thundering to rest on building foundations
creating there a rolling heaving mass of fiery dough.
Ashes and burning embers
rained into blackened sooty snow.
The world burned and howled around survivors.

Detonationen schüttelten die Stadt
ohne Unterbrechung.
Ohrenbetäubendes Toben der Einschläge
eine fallende, stürzende, zischende, strömende
kreischende Hölle.
Wir hielten uns die Ohren zu, beugten uns
über unsere Knie und warteten auf das Ende.
Stunde um Stunde tobte die Hölle über uns
bis endlich
endlich der böse Traum vorüber war.

Die Wände standen noch um uns herum
jedoch die Tür zum Keller ging nicht auf.
Jemand musste durch den Notausgangstunnel.
Herr Freytag konnte nicht, er war zu fett.
Herr Ruff war zu alt,
Professor Klein weigerte sich strengstens.
Mein Vater, der Held, kletterte durch den Tunnel.

Eine sich aufbäumende Hölle umgab ihn.
Die Nacht war taghell erleuchtet.
Wie riesenhafte Kürbisse in deren Schädel
große Kerzen standen
flammten Fenster und Türen mit lautem Knall auf.
Dachpfosten, Möbel, wuchtige Bücherschränke
voll Ledergebundener Literatur
unersetzliche Kunstwerke
stürzten durch schmelzende Zimmerdecken
donnerten krachend auf die Erde
verursachten dort eine rollende
sich bäumende Masse brennenden Teiges.
Asche und glühende Funken
regneten in den schwarz rußigen Schnee.
Die Welt brannte und kreischte
um die Überlebenden herum.

Trying to compose himself sufficiently
father rushed back with sudden dread and premonition,
tore away fallen debris,
and took the men with him to inspect the roof.
It was on fire.

Screams of panic,
hoarse commands
an impossible situation,
victims running to safety
in nightgowns without shoes,
never noticing the cold
in the intense heat of the inferno.

Passing endless buckets of water and sand
hand to hand,
shouting encouragement,
attempting to turn a desperate situation
into an adventurous endeavor.
Save what can be saved!

I found my dog
under the debris in our apartment,
also my lapel pin
of the Hitler youth group.
It was scratched
but still showed its brilliant red around a black swastika.
I hated my broken heart
for believing in this emblem
and in the people for which it stood.
Sweating and crying
I swept the pin and debris into the garbage.

Vater versuchte sich zu fassen
und rannte in böser Vorahnung ins Haus.
Er stieß das Geröll von der Tür
und nahm die Männer mit sich
aufs Dachgeschoß.
Er hatte recht: es brannte.

Panik Geschrei!
Heisere Rufe!
Unmögliche Situation –
Überlebende rannten um ihr Leben
in Nachthemden ohne Schuhe
spürten die Winterkälte nicht
in der intensiven Hitze des Infernos.

Ungezählte Eimer Wasser und Sand
von Hand zu Hand
Ermutigung rufend
versuchten wir die hoffnungslose Situation
in ein abenteuerliches Unternehmen
zu kehren.
Rettet was gerettet werden kann!

Ich fand meinen Hund
unter dem Schutt in unserer Wohnung
und auch die Hitlerjugendbrosche.
Obwohl zerkratzt zeigte sie noch
ihr brillantes Rot um das schwarze Hakenkreuz.
Ich hasste mein gebrochenes Herz
das an dieses Zeichen glaubte.
Schwitzend und weinend
kehrte ich die Brosche mit in den Schutt
warf alles in den Abfall.

Hundreds were waiting
listening, praying
for telltale vibrations on tracks,
arrival of a desperately hoped for train
to leave the dying city.
None came.
Jostled back and forth
by an ever growing crowd
of frantic people
evening sank damp and cold.
Another bombing was expected.

Stumbling home,
stiff as a skeleton
past blocked streets and detours,
pushed along by shouting policemen,
hair singed
ears ringing,
nauseated, shivering.
Home at last
I began to scream,
screaming,
could not stop.

Mother suddenly
took me into her arms
squeezing tightly, whispering:
      There now, it's not all as bad as it seems.
      We must make the best of things
      ignore the bad
      go on from here,
      not let anyone know how we feel.

Hunderte warteten,
spitzten die Ohren, beteten um
die sehnlich erwartete Vibration
an den Gleisen und die Einfahrt eines Zuges
um die sterbende Stadt zu verlassen
Kein Zug kam
Der Abend sank feucht und kalt
Hin und hergeschubst
von einer wachsenden Masse
erregter ausgebombter Leute.
Der nächste Bombenangriff wurde erwartet.

Nach Hause stolpernd
ein steifes Skelett
an blockierten Straßen vorbei
auf Umwegen
von brüllenden Polizisten weiter geschoben
mit versengten Haaren
sausenden Ohren
den Magen voll Übelkeit
zitternd vor Kälte
kam ich endlich zu Hause an,
fing ich an zu schreien
und schrie und schrie
und konnte mich nicht beruhigen

Mutter nahm mich plötzlich
in die Arme
hielt mich ganz fest und flüsterte:
    Na komm schon, ist ja nicht so schlimm
    Wir müssen das Beste aus allem machen
    das Böse ignorieren
    und dann weiter gehen
    und keiner darf es merken.

You must try to do that,
and you can, can't you,
we have no choice in the matter.
Surprised at unfamiliar embrace
and confidentiality I fell silent,
would have promised anything she asked.
　　Now take care of your sisters,
she said, straightening her apron,
　　I'm really very busy
and she left me
bewildered
alone
ashamed.

When sirens blared
proclaiming yet another air raid
few people paid heed.
Too exhausted
to care whether we died on the spot
or in bomb shelters
we fell into our dust laden beds.

And suddenly,
the grimacing skeleton of war stood at the door
demanding that children
become adults over night,
shed illusions, witness destruction and death,
starve, yet keep from dying,
learn how to survive
in a world created and presided over
by adults who had chosen a madman as their Führer.

Das musst du tun
und das kannst du doch auch.
Man kann ja nichts daran ändern.
Mein Erstaunen über ihre plötzliche Umarmung
und ihr tiefes Vertrauen war so groß, dass ich
still wurde und ihr alles versprochen hätte
was sie wollte.
Also, kümmere dich um deine Schwestern
sagte sie abwesend und glättete ihre Schürze
ich habe wirklich furchtbar viel zu tun.
Sie verschwand und ich war
mit meiner Verwirrung,
meiner Scham
allein.

Als die Sirenen wieder heulten,
und den nächsten Luftangriff verkündeten
kehrten nur wenige in die Keller zurück.
Es war egal ob wir hier
oder im Keller umkamen.
Erschöpft
fielen wir in unsere Staub gefüllten Betten.

Und plötzlich stand
das grinsende Skelett des Krieges an der Tür,
das von uns Kindern erwartete
über Nacht erwachsen zu werden
Illusionen abzulegen
sich an Zerstörung und Tod zu gewöhnen
zu hungern, jedoch am Leben zu bleiben
in einer Welt deren Erwachsene
einen Wahnsinnigen zum Führer
gewählt hatten.

EVACUATION

A large warm room greeted.
Deeply lined faces at a single table played cards, drank beer.
From time to time one of them
raising a huge fist
slapped one onto the table with a loud thud
that made us jump.
Their speech and demean unintelligible
we sat timidly on the window bench
a cup of hot milk warming chilled bones.

Up a narrow stairway
a large room
four beds
covered with immense down filled pillows.
The maid closed the single window
said, *Guat Nacht.*
Touching the huge linen covered pillows
we found them frozen with a crust of ice,
the window open for many a day and cold nights.

Awake and immobile
under frozen down
trying to make sense
of past days.

How did friends
survive the flames,
Who was still alive?
Who was lost?

EVAKUIERUNG

In einem großen warmen Raum
spielten faltige Gesichter Karten
tranken Bier. Von Zeit zu Zeit
knallte einer mit riesiger Faust
eine Karte auf den Tisch
und wir zitterten vor Schreck.
Sprache und Benehmen
konnten wir kaum verstehen.
Wir saßen verschüchtert auf der
Fensterbank, wärmten unsere eiskalten
Knochen an einer Tasse heisser Milch.

Über eine enge Treppe
zu einem großen Zimmer.
Vier Betten
mit riesigen Federkissen.
Die Magd machte das kleine Fenster zu
sagte „Guat Nacht".
Die Kissen bedeckt mit einer Schicht Eis
in langen Tagen und kalten Nächten
durch das offene Fenster
eingedrungen.

Wach und bewegungslos
unter den gefrorenen Daunen
versuchte ich zu verstehen
was der Wahnsinn der letzten Tage bedeutet.

Wie waren Schulfreunde
durch die Flammen gekommen
wer war noch am Leben?
Wer war umgekommen?

The brain searching for an anchor
anything
to hold onto,
losing grip
coming up empty,
careening into space.
No one to explain
past days' terror
no one to soothe with words
and reassure.
Nightmare of visions
of screams
of injury
without explanation of the "why"
what-now?
where from here?
Teeth, hands, toes clenched
and the mind screaming
Hold on! --batten down mental hatches
pretend nothing happened!
Sucked into an abyss
while dancing around the edge of sanity
this ten year old realized
with horror:
life is endless death,
destruction, desolation
and silent tears of helplessness
melted into the crust of ice on my pillow
until at last a gray hue
overlaid the room's icy walls
slowly warming to white.

Mein Gehirn suchte nach einem Anker
irgend etwas
woran man sich klammern kann
wenn man den Halt verliert
untergeht und leer wieder auftaucht
wenn die Seele vor Entsetzen
in die Atmosphäre rast.
Keiner ist da der den Wahnsinn
der letzten Tage erklärt
keiner der mit sanften Worten
beruhigen und ermutigen kann.
Alpträume von Trümmern
Hilferufe, Verletzungen
keiner kann es erklären!
Warum?
Was nun?
Wohin jetzt?
Verkrampfte Zähne, Hände, Zehen
und meine Seele schrie:
Halt dich fest – schließ die Tür zu
tu als ob nichts passiert wäre!
In fürchterlichen Abgrund sehend
tanzte ich am Rande
des Wahnsinns.
Als zehnjährige wurde mir
plötzlich mit Entsetzen klar
dass das Leben endlosen Tod bringt
und voll Zerstörung und Einsamkeit ist.
Und meine hilflosen Tränen
schmolzen die Eiskruste des Kopfkissens
bis schließlich ein grauer Hauch
an den eisigen Wänden erschien
der sich langsam in warmes Weiß
verwandelte.

A rooster crowed.
From below cows mooed.
Exhausted I realized
that earth still turned on its axis
preserving sanity in the mundane.
Life continued its cycle
and would always do so -
and perhaps,
there would even be something to eat.

LIFE IN THE COUNTRY

Children of the village
close to earth
fearing less the fiercest bull
than the village Saint
an unkempt stable maid
whose distant stare rarely fell upon anyone.
She uttered misgivings that came true,
pronounced curses that produced accidents.
Even the priest was afraid of her,
he stayed away and did not dare pronounce her evil.

Funerals for husbands, brothers, fathers
missing in action
crosses of birch wood
multiplying
around the church
bursting into bloom.

Ein Hahn krähte
Unten im Stall muhten die Kühe
Erschöpft wurde mir klar
dass sich die Erde trotz allem
auf ihrer Achse weiter dreht
und das tägliche Leben weiter geht
und dass es immer so sein wird
und vielleicht - - -
gibt es jetzt sogar Frühstück.

LANDLEBEN

Kinder auf dem Dorfe
Geschöpfe der Erde
hatten weniger Angst vor den
wilden Ochsen
als vor der Dorf-Heiligen,
einer schmutzigen Stallmagd
deren leerer Blick selten auf jemand fiel.
Ihre gemurmelten Aussagen wurden wahr
ausgerufene Flüche brachten Unfälle.
Sogar der katholische Pfarrer
fürchtete sich vor ihr
er hielt sich fern
und wagte nicht sie zu tadeln.

Beerdigungen für Ehemänner, Brüder, Väter
im Kriege verloren
Birkenkreuze
häuften sich am Friedhof
um die Kirche herum
schossen im Frühjahr zur Blüte.

A life giving omen insisted the bereaved.
The priest cursed their obstinacy
celebrated mass
to ward off superstition.
Disgruntled villagers secretly consulted
the Saint
who gave desirable predictions
for jewelry and money.

FAMINE

A farmer's hoarded flour
entrusted to a wooden trough
coaxed to multiply
rising over night
sweetened and salted
herbed, kneaded
shaped into loaves
in privacy to rise again.
An igloo-shaped brick oven
fired for a day.
Burning wood carefully pushed aside
pregnant loaves slid
from an oar shaped spatula
into cavernous white heat.
Treading lightly
watching
waiting
stomachs churning
swooning on bread baking scents,

Ein Lebenszeichen!
sagten die Hinterbliebenen hoffnungsvoll.
Der Pfarrer verfluchte ihre Bockigkeit
sagte besondere Messen an
gegen ihren Aberglauben.
Die enttäuschten Bauern gingen heimlich
zur Dorf Heiligen
die für Schmuck und Geld
wünschenswerte Voraussagen gab.

HUNGER

Gespartes Mehl
in einem hölzernen Trog
zum Gären gebracht
über Nacht aufgegangen
gezuckert und gesalzen
gekümmelt und geknetet
zu Leiben gerollt
in Ruhe gehen gelassen.
Ein gewölbter Steinbackofen
den Tag über angeheizt.
Brennende Hölzer vorsichtig
beiseite geschoben
geschwollene Leibe
schlüpfen vom breiten Brett
in die weiße Ofenhitze.
Wir gehen leise am Ofen vorbei
passen auf
warten ungeduldig.
Knurrende Magen krümmen sich
nach Gerüchen,
lechzen nach Brot.

a tiny window consulted
from time to time.

Hot loaves rescued
sliced steaming
a half loaf
wrapped in a sweater
carried haltingly
on open palms
to famished siblings.
Disbelieving eyes
grateful eyes
hesitating indulgence
looking inward
in silent prayer
of thanks.
Give us this day our daily bread...

Two large class rooms were enough
to hold the village students.
Benevolent and forgiving
an elderly schoolmarm taught lower grades.
The principal taught upper grades.
When tolerance for kindness reached a turning point
he singled out one student
to take the brunt of his second personality.
On that day
he lined himself up against one wall,
taking a running start,
bamboo cane raised high
charging towards the opposite wall
and the outstretched hand of his student victim.
With a hiss and loud thwack
the bamboo made contact with the palm of a child's hand

Ein kleines Fenster
von Zeit zu Zeit geöffnet.

Heiße Brote erscheinen,
und eines wird dampfend angeschnitten.
Ein halber Leib
in meine Jacke gewickelt
zögernd auf offenen
Händen getragen
den ausgehungerten
Schwestern dargelegt.
Ungläubige Augen
dankbare Augen
zögerndes Einnehmen
nach innen wendend
in leisem Gebet
des Dankes -
　　...unser täglich Brot gib uns heute...

Zwei große Klassenzimmer
für alle Dorfschüler.
Liebevoll und vergebend
die alte Lehrerin der unteren Jahrgänge.
Herr Direktor unterrichtete die höheren
Jahrgänge. Wenn Toleranz an
Freundlichkeit ins Gegenteil umschlug
zog er einen der Schüler
aus der langen Bank um seinen Jähzorn an ihm
auszulassen. Er stellte sich dann vor die Klasse
an die Wand, hielt seinen Stock
hoch in die Luft und rannte im Galopp
zur anderen Seite des Klassenzimmers und
auf die ausgestreckte Hand seines Opfers zu.
Mit Zischen und lautem Knall
landete der Stab auf der Hand des Kindes

who stood at attention,
eyes tightly shut and teeth clenched
not to make a sound
until split bamboo rained
in shreds to the floor.
Students' eyes
pronounced our fellow 'Hero'.

Parents dared not question
the Nazi-principal's authority in his classroom.

FARM WORK

There were cuckoos in the forest behind the hills.
We heard their mocking calls but never saw them.
And once in a while
we saw an owl swoop silently through the trees at dusk.
    Every barn must have its owl,
said the farmer next door,
        it's bad luck if you haven't got one.
        Your hay will turn sour.
        Better not harm my owl
        or I'm going to tan your hide.
I assured him that I would never, ever
harm his owl.

He was sharpening scythes
an unlit pipe clenched
between his tobacco stained teeth.
Treading the pedal
moving a leather belt
which rotated a huge round stone
in and out of a pan of water

das mit geschlossenen Augen und
zusammen gepressten Zähnen
stramm und stumm stand
bis der Bambus zersplitterte
und die Fetzen auf den Boden regneten.
Die Gesichter aller Schüler
bekannten das Opfer des Tages
als ihren Helden.

Eltern wagten nicht, die Autorität
des Nazi-Direktors in Frage zu stellen.

FELD ARBEIT

Hinten im bergigen Wald hörten wir das Rufen
eines Kuckucks, sahen ihn aber nie.
Und manchmal wenn es dunkel wurde
strich eine Eule lautlos durch die Bäume.
Jede Scheune muss ihre Eule haben
sagte der Bauer nebenan,
es bringt Unglück wenn man keine hat
das Heu wird dann sauer.
Tu' mir nichts meiner Eule an
sonst schlag' ich dich bis du blau bist.
Ich versprach ihm nie etwas seiner Eule
anzutun
niemals.

Zwischen braunen Zähnen die kalte Pfeife
geklemmt, schärfte er seine Sensen.
Er trat auf das Pedal
mit dem Lederriemen
der einen großen runden Schleifstein
durch eine Pfanne Wasser rotieren liess

he pressed the long handled scythe's cutting edge
against the stone's smooth surface
guiding the metal back and forth across.
From time to time
he carefully ran his thumb over the edge,
and grumbled - never sharp enough to please him.

He spent much time
sharpening one scythe after another
until four of them leaned against the barn wall behind him
blue blades gleaming
in the late afternoon sun.

At three next morning,
he silently left the house
slipping his favorite sharpening stone
into his back pocket.
Thoughtfully he hoisted the scythes over his shoulder
wrapping his arm across their long handles
pushing down on the cross hold.
Grunting once he set off on an hour's walk to his field.
He cut a mystical figure in the pre-dawn dark
walking off in loping gait,
four sharp long knives suspended
shadow close
their points narrowly missing the pierce to his calf,
a strong man
bent from a lifetime of hard labor,
a Father Death in a Dürer painting.

und drückte die Schneideseite der Sense
gegen den glatten Stein und schleifte
sie hin und zurück.
Hin und wieder rieb er seinen Daumen
vorsichtig über die Schneide und
murrte – nie scharf genug.

Er brauchte lange bis er eine Sense
nach der anderen geschärft hatte
und bis vier lange Messer hinter ihm
an der Stallwand lehnten
deren blaue Schärfe in der
Nachmittagssonne glänzte.

Um drei Uhr morgens
verließ er schweigend das Haus
und steckte einen besonderen Hand Schleifstein
in die Hosentasche.
Bedacht nahm er die Sensen über die Schulter
legte den Arm über die langen Stile
und drückte auf das Querholz.
Er brummte kurz und machte sich zum Feld auf
eine Stunde entfernt.
Er sah wie eine mystische Figur aus
in der nächtlichen Morgenstunde,
als er mit wankenden Schritten verschwand
vier scharfe Messerspitzen so nahe
sie ritzten fast seine Waden.
Ein starker Mann,
vom Leben und harter Arbeit gebeugt
ein Vater Tod in einem Dürer-Gemälde.

Can I come?
Naw, too early.
At eight the farmer's wife,
heavy-set, hard breathing and I followed to the meadow
and watched him work.
He had left three blunt scythes at the edge of the field
and with the fourth he took strong even strokes
in a half curve in front of him,
swish, swish,
swish, swish
whispered the blade into the dewed grass
slicing a four inch ribbon,
piling cuttings neatly to the farmer's left
swish, swish,
swish, swish.
Every two hundred strokes or so
he straightened,
stood the scythe on its end,
reached for his weaver shuttle shaped stone
deftly stroking it over and under knife's edge
heel to point
until the agricultural scalpel glinted re-charged.
Lowering the scythe, positioning body
feet planted firmly, hunched
he threw his weight into the blade
swing-steering side to side
even motion with forceful strokes
taking a small step at a time
advancing determined toward completion.
At ten o'clock he had neatly laid down
nearly ten acres of meadow.
Tired and thirsty he sat in the shade by his scythes
ate a piece of bread

Kann ich mit?
Na, zu früh.
Um acht gingen wir,
seine große, schwer atmende Frau und ich
zur Wiese und sahen ihm bei der Arbeit zu.
Drei stumpfe Sensen lagen am Ende des Feldes
und mit der vierten mähte er weite Bogen
im Halbkreis vor sich her,
swish, swish,
        swish, swish
flüsterte die Sense ins Taugras
schnitt ein acht Zentimeter breites Band
das sich ordentlich zu seiner Linken ablegte
swish, swish
        swish, swish.
Alle zwei hundert oder so Schwünge
richtete er sich auf
stellte die Sense hoch
griff nach seinem Schleifstein
der wie ein Weberschiffchen aussah
strich geschickt über und unter
die Messerschneide,
vom breiten Ende zur schmalen Spitze
bis die Schneide geschärft glänzte.

Die Sense nieder lassend stellte er sich in Position,
breitbeinig, beugte sich über die Sense
und warf sein Gewicht in die Schneide
schwang von einer Seite zur anderen
mit gleichmäßigem Druck in kräftigen Strichen
jedes Mal einen kleinen Schritt vorwärts gehend
mit Entschlossenheit dem Ende seiner Arbeit entgegen.
Um zehn Uhr hatte er fast zehn Morgen Wiese
in ordentliche Reihen gemäht.
Müde und durstig setzte er sich in den Schatten
zu seinen Sensen, aß ein Stück Brot

and drank a half cup of tepid herb tea
leaned his head against the tree trunk
and fell asleep instantly.

The farmer's wife and I worked quietly
turning the long rows of grass from one side to the other.
A summer sun blazed heat into the day
as we moved up a row
and down the other
passing each other
over the horizon
and coming back into view
all day long.

Some days later the grass was dry enough
to collect into mounds two feet high and as much or more
across:
pitchforks caught rows of hay
pushing ahead twenty feet
rolling over forming a mound
then starting off again.
 And don't miss any hay,
 I want those *birling* sitting all in a row
 neat and clean
 with all the grass piled together
 none left along the way,
the farmer's wife said with authority.
Sunburned and tired
we hastened back toward evening
to milk impatient cows
lowing in their stable.

und trank eine halbe Tasse lauwarmen Kräutertee,
lehnte seinen Kopf gegen den Baumstamm
und schlief im selben Augenblick ein.

Die Bäuerin und ich arbeiteten leise,
drehten die langen Reihen Gras
von einer Seite auf die andere.
Die Sonne brannte Hitze auf das Feld
und wir gingen den ganzen Tag
eine Reihe auf, die andere Reihe
wieder ab
trafen uns am Horizont,
verschwanden und kamen wieder
auf einander zu.

Ein paar Tage später war das Gras trocken genug
um es in kleine Haufen zu sammeln,
fünfzig Zentimeter hoch und genauso weit herum:
Heugabeln glitten auf der gemähten Erde entlang
fassten die Reihen auf, schoben sie vorwärts
drehten die Gabeln in ein Häufchen trocknendes Heu
und wiederholten die Prozedur.
    Und lass mir kein Stäbchen Heu
    entkommen
    ich will die Birling alle in einer Reihe haben
    das Gras schön sauber und ordentlich
    aufgeklaubt
    und nichts liegen lassen
sagte die Bäuerin mit Autorität.
Sonnenverbrannt und müde eilten wir am
späten Nachmittag wieder nach Hause
um die Kühe zu melken, die ungeduldig
im Stall warteten.

The sun blazed,
dizzy with thirst I ventured
to the nearby creek one day,
dry, mud cracked.
Stepping back the pitchfork would not budge.
So thirsty I sat down to cry
saw instead a tine
sticking through the top of my foot,
where I had stepped into it
never noticing in the sweltering heat.

Mounds of hay
were now crackling dry,
ready for loading and ferrying to barn.
Spearing two mounds at once
lobbing the loaded pitchfork in a long sweep
into the farmer's open arms
who dodged prongs and deftly caught the loot
stashing tightly the wagon's perimeter
tamping the center, equal weight all around
working his way up until wagon
and its impatient team of cows
were dwarfed by the sheer height of its load.
Soaked in sweat we heaved the immense beam
and laid it atop the load lengthwise.
A long rope looped, re-looped
from axle over the protruding beam front and back
then slung around the entire load to hold harvest.
Feet wedged into the hay
moving his body horizontally
a man walking walls, defying gravity.
Tight knots fastened off
three week's worth of physical endeavor.

Eines Tages brannte die Sonne besonders heiß.
Durstig und schwindelig -
ein kleiner Bach
vertrocknet
Lehm gespaltet.
Nahm die Heugabel wieder auf
sie aber blieb stecken.
Fast am Weinen setzte ich mich
entmutigt ins Gras.
Die Gabel Spitze sprosste
aus meinem Fuß heraus,
aufgespießt wie ein Stück Fleisch -
ich hatte es nicht gefühlt.

Das Heu war nun knochentrocken.
Zeit zu laden und herein zu bringen.
Mit wuchtiger Kraft hoben wir den ersten,
dann einen zweiten Birling,
schwangen die geladene Gabel
in weitem Bogen auf den Bauern zu
der der Gabel auswich, das Heu auffing
und es im Kuhwagen verstaute
erst um die inneren Ecken, dann in der Mitte
überall mit gleichem Gewicht.
Immer höher baute er die Ernte
bis der Wagen und seine nervösen Kühe
winzig unter der Last standen.
Schweiß tropfend hoben wir
den großen Gewichtsbalken längsseits
auf das Heu und schnürten mit langen Seilen
rund herum die Ladung fest.
Dabei stemmte sich der Bauer in das Heu -
wie ein Wandkletterer
ohne Schwerkraft, ein Mond Wandelnder.
Er zog das Seil fest und wir bewunderten
unsere dreiwöchige harte Arbeit.

Summer in the country -
farm work, hard work
harvesting hay by hand
loading the scratchy, itchy, dusty,
sweet smelling stuff, tying to keep it
from fluffing onto the roadside.
Over rugged country roads
a team of milk cows straining toward barn.
Our reward: swaying in fresh hay,
alongside the beam twenty five feet up
rocking slowly homeward,
exulting in a Smith Barney knowledge
that this delight is rightfully and totally 'earned'.

We advanced homeward at slow pace
listening to the farmer below cajole his cows
over the road, veteran of muddy winters
rock hard and uneven
across the heat quivering plateau
past the birch and poplar grove
laboriously advancing towards the steep gorge.

Treacherous even on foot
its slippery entrance and steep descent
a dangerous challenge,
a swaying fluttering mass of hay
piled on a rickety wagon
drawn by a team of nervous cows,
a fate tempting adventure.
The wagon halted. Brakes were twisted tight.
Two wheels fastened with leather straps to keep from turning.
Gingerly trespassing the entrance
into the steep cool half dark,
talking to cows in slow earnest tone
that quickly turned urgent and louder
with a curse thrown in.

Sommer auf dem Lande
Bauernarbeit, harte Arbeit
Heu mit der Hand ernten,
die kratzige, juckende, staubige
süß riechende Ernte gabelvoll zu laden
und nichts liegen lassen.
Nun streben die Kühe
über den unebenen Weg zum Hof.
Zur Belohnung durften wir Kinder
hoch oben im Heu neben dem Gewichtsbalken
langsam nach Hause schaukeln, glücklich
im festen Glauben dass diese
Erlaubnis redlich verdient war.

Wir strebten langsam voran
hörten dem Bauern zu, der auf seine Kühe einsprach
sie über den unebenen Winter geplagten Weg führte.
Über das in Hitze flimmernde Plateau
am Birken- und Pappel-Hein vorbei
mühsam dem Hohlweg entgegen.

Sogar zu Fuß war dieser trügerisch.
Mit schleimigen Querbalken und steilem Abhang
musste die flatternde Masse Heu den Weg zum Hof
hinunter. Eine gefährliche Aufgabe.
Der alte klapperige Wagen, hochbeladen
von nervösen Kühen gezogen -
ein schicksalsreiches Abendteuer.
Der Wagen hielt an. Bremsen wurden festgeschnallt:
zwei Räder mit Lederriemen fest gebunden.
Vorsichtig trat der Bauer über den Eingang
in das steile kühle Halbdunkel
und sprach ernsthaft auf die Kühe ein.
Sein Ton jedoch änderte sich schnell
wurde dringend, wurde lauter und
lauter mit eingeworfenen Flüchen unterstrichen.

A prayer was surely called for about now
but the farmer was unshakable
in his belief that strong language
would fend off evil better.
Faster and faster the wagon slip-bumped
over moist cross ties
cows mooing,
farmer shrieking curses,
cracking his long whip over thrashing horns,
holding reigns in teeth, left arm and shoulder,
now grabbing horns with his right
heaving a streak through clenched teeth
of brand new apostolic language
that made us bury faces in the hay to stifle laughter
while hanging on for dear life.
Cows at dead run
getting out of load's way!

We made it to the farm by the skin of our teeth.
This truly was adventure at its best.
Deeply satisfied we unhitched the team
and let them cool off
in the shade of tall oaks
while we washed up at the pump.
Early supper --
large slices of home made bread and liverwurst
washed down with liberal amounts
of twenty eight proof beer.
Libation thus attained,
we felt no pain at all.
Just as well.

Ein Gebet wäre hier wohl angebracht,
der Bauer war jedoch überzeugt
dass grobe Worte dem Übel besser abhelfen.
Immer schneller stolperte der Wagen
über die feuchten Balken
die Kühe muhten
der Bauer grölte Flüche
knallte seine Peitsche über
die Köpfe der Tiere
hielt nun die Zügel mit den Zähnen fest,
riss mit beiden Armen an den Kuh-Hörnern,
schrie durch verklemmte Zähne,
deftige Allerweltssprache.
Und wir, hoch oben auf dem Heu, vergruben unsere
Gesichter in den kratzigen Fasern
in unterdrücktem Gelächter
und hielten uns mit aller Kraft
am Querbalken fest.
Die Kühe nun in voller Panik,
rannten im Galopp vor
der Riesen-Ladung Heu davon.

Wir erreichten den Hof gerade eben noch.
Ein fabelhaftes Abendteuer!
Sehr zufrieden und erleichtert befreiten wir
die Tiere, ließen sie im kühlen Schatten grasen
und wuschen uns an der Pumpe ab.
Ein frühes Abendessen
mit dicken Scheiben Brot
mächtigen Portionen Leberwurst,
und ungezählte Gläser selbstgebrautes Bier
in großen Zügen vertilgt.
Nach solcher Mahlzeit waren alle sanft betrunken.
Auch gut so.

Rain was forecast.
Time was precious.
None dared risk a winter's ration to ruin.

Chafed skin, sun burnt eyelids
aching arms and shoulders hefted pitchforks
up
    way up
under the rafters in the hot dusty barn.
Shouting encouragement
to squelch tears of fatigue and exhaustion.

With final effort
tines at last touched baseboards.
Too fatigued to say
good night
pushing my shoulder
in the direction of home
I ran in driving rain
bruised, dirty, asleep
before my head
touched its pillow.

Regen war vorausgesagt
keine Zeit zu verlieren
niemand kann es sich leisten
hart gewonnenes Winterfutter zu verlieren.

Mit zerkratzter Haut
sonnenverbrannten Augenliedern
schmerzenden Armen und Schultern
hoben wir die vollen Heugabeln hoch und höher
unter die Dachbalken der Scheune.
Ermutigung rufend
verbissen wir unsere Tränen,
unterdrückten Erschöpfung.

Mit letzter Kraftanstrengung
schlugen Heugabeln endlich ans Wagenholz.
Zu müde um „Gut Nacht" zu sagen
bekam meine Schulter einen Schub
und ich rannte
in strömendem Regen nach Hause
geschunden, schmutzig,
schon im Tiefschlaf ehe
ich ins Bett fiel.

BOARDING SCHOOL

Boarding with a strange family,
food sent to last the week
disappeared on Monday.
    Too late for supper, the landlord said
when I returned from school,
    we already ate, too bad.

An elderly lady lived next door
with a pet pig,
intelligent,
devoted to his mistress.
He knew time and set up his trough
at noon
grunting expectantly.
The lady fed him lovingly,
cooing, petting.
The pig licked his trough clean
then maneuvered with snout and front feet
into an upright position in the corner of his run.
We watched his housekeeping with respectful delight.
Adults schemed
on how to kidnap him when grown and nicely fattened.
The more he grew
the more worried the old woman,
the more reluctant she was to leave her little house.
Great wailing confirmed the pig's fate one day.
The woman inconsolable
was taken to a nursing home.
    Went plum crazy,
said the landlord chortling behind a concealing hand.

IM GYMNASIUM

Bei einer unbekannten Familie im Pensionat.
Mitgebrachte Lebensmittel für die Woche
verschwanden schon am Montag.
    Zu spät zum Abendessen, sagte der Hauswirt
als ich von der Schule nach Hause kam,
    zu schade, wir haben schon gegessen.

Eine alte Frau wohnte nebenan
mit ihrem Schweinchen
ein intelligentes Tier
der seine Herrin liebte.
Er wusste wie spät es war, holte sich
den Fresstrog mittags
und grunzte erwartungsvoll.
Die Frau fütterte ihn liebevoll
sprach zu ihm und streichelte ihn.
Das Schwein leckte seinen Trog sauber
schob ihn mit der Schnauze und den kurzen
Forderbeinen aufrecht in die Stallecke.
Wir beobachteten seine Hausarbeit
mit respektvollem Vergnügen
während Erwachsene sich ausdachten
wie man ihn am besten verschwinden lässt
wenn er groß und fett wird.
Je mehr er wuchs
desto mehr sorgte sich die alte Frau um ihn
desto weniger verließ sie ihr kleines Häuschen.
Grosses Geschrei bestätigte des Schweins Schicksal.
Die alte Frau war untröstlich
und wurde in ein Altersheim gebracht.
    Die Alte ist total verrückt geworden
heuchelte der Hauswirt hinter vorgehaltener Hand.

Winter sleet, wet feet
in unheated classrooms
we huddled close to keep warm
passing lice from head to head,
restive with nagging famine
chewing scratchy wood fiber
from underwear, sweet tasting.
We nibbled on pencils,
paper, erasers
pages of books -
hunger's remedies.
When ink froze in their glass containers
students were sent home, set free
and we joyously went sledding.
    Too late for supper,
the landlord said,
    we already ate
hastily hiding potatoes and butter.

Remodeled to serve
as a field hospital
the school was closed.
Classes were held at local restaurants,
teachers hurrying from place to place
anxious, frustrated, lacking preparation
and power of discipline.

Wässriger Schnee, nasse Füße
in ungeheizten Schulzimmern
saßen wir dicht zusammen um uns zu wärmen.
Läuse wanderten von Kopf zu Kopf.
Mit nagendem Hunger, nervös und unruhig
knabberten wir die süßen Holzfasern
in unseren Unterhemden.
Wir aßen das Holz der Bleistifte
Papier, Radiergummi, Bücherteile
um unseren Hunger zu vertreiben.
Wenn Tinte in den Glasfässchen fror
wurden wir nach Hause geschickt
und gingen fröhlich Schlitten fahren.
          Schade, Abendessen ist schon vorbei
sagte der Hauswirt
          wir haben schon gegessen
während er schnell Kartoffeln und Butter versteckte.

Im Winter wurde die Schule als Feldlazarett
umgebaut und Schüler in Gruppen eingeteilt.
Unterricht in Restaurants
wo Lehrer von einem Gasthof zum anderen eilten.
Meistens kamen sie zu spät
waren aufgeregt und nervös, verloren
Übersicht und Disziplin.

White blouse, blue skirt, black kerchief
pulled through a leather knotted ring:
the Hitler Jugend's female uniform.
Singing patriotic songs on Sunday mornings
in corridors of the school-field-hospital
moving from door to door
witnessing with mounting horror
men on make-shift cots
missing eyes, ears, noses, throats
without jaws, foreheads
without arms, stomachs, legs -
caricatures,
breathing human remains,
unseeing
unhearing
unspeaking
from now and forever.
Children's voices breaking, notes dying
in suppressed sobbing
curbed by threatening gestures
of the group's captain
as we moved to the next
and the next
and the next
evil smelling room
valiantly attempting to fulfill
the Hitler Jugend duties.

A young soldier
eyes bandaged
missing arms
hearing children's inner pain
asked who we were,
how old
began shouting

Weiße Bluse, blauer Rock, schwarzes Halstuch
durch den Lederring gezogen -
die Uniform für junge Mädchen.
Am Sonntag morgen sangen wir Hitler-Lieder
in den Fluren der alten Schule.
Wir gingen von Tür zu Tür und sahen,
mit wachsendem Entsetzen
Männer auf Feldbetten
ohne Augen, Ohren, Nasen, ohne Kehlkopf
ohne Kinn, ohne Stirn
ohne Arme, ohne Magen, ohne Beine
Karikaturen
atmende Menschenteile
blind
taub
stumm
jetzt und für immer.
Kinderstimmen brachen, Töne erstarben
in leisem Schluchzen
unterdrückt durch warnende Gesten
der Gruppen-Führerin
während wir weiter gingen
zum nächsten
und nächsten
ekelhaft riechenden Zimmer
heldenhaft versuchten
die Pflichten der Hitler-Jugend zu erfüllen.

Ein junger Soldat
seine Augen bandagiert
ohne Arme
hörte angsterfüllte Kinder Stimmen
fragte wer wir sind
wie alt
fing an zu schimpfen

yelling
screaming
accusing
an insane Hitler
and government officials
who would torture ten-year olds
in a war no one asked for.
He kept shouting
cursing to hell the SA,
SS and Gestapo
calling Hitler a certified Schweinehund.
Insensitive to nurses' attempts
at mollification
his screaming rage went on and on.
A doctor plunged a syringe into
leftover flesh.

Nightmarish duty this,
repeated, dreaded, cried over,
choked on, vomited,
threatened with reports of resistance,
made to repeat
the oath of allegiance:
Vaterland allegiance,
Vaterland duty --

while at the same time

schrie
kreischte
klagte
einen wahnsinnigen Hitler
und Untergebene an
die Zehnjährige folterten
in einem Krieg den niemand wollte.
Er schrie ohne Aufhören
verfluchte die SA, SS und Gestapo
nannte Hitler einen ausgewiesenen Schweinehund.
Er hörte nicht auf die Krankenschwestern
die ihn zur Ruhe bringen wollten
und brüllte und schrie in unstillbarer Wut.
Ein Arzt stieß eine lange Spritze
in sein übrig gebliebenes Fleisch.

Entsetzliche Pflichten waren es
die wir wieder und wieder erfüllten
vor denen wir uns fürchteten
die wir beweinten, die uns würgten
und die uns zum Erbrechen brachten.
Vom Hauptführer mit Bericht an
das Hauptquartier bedroht
wiederholten wir den Huldigungs-Eid
des Vaterlands:
Treue ans Vaterland
Pflichten fürs Vaterland --

       während zu gleicher Zeit

craving the tribute of large audiences
Adolf Hitler demanded crowded attendance
when giving speeches
which were captured on film and
broadcast over prime time radio.
In self-adulatory rousing oratory
calling his audience "meine lieben Volksgenossen"
his heavy accent
rising
falling
in precise timing
of an actor's cunning
working the crowd from his stage
the ultimate seat of power
affecting the lives of the German people
even of the world.
And he got away with describing in glowing terms
benefits of righteous heroism,
lifting innocent eyes in rehearsed gesture
justifying the validity of actions,
rolling his Rs and hissing his Ss
raising a shaking fist and slamming it for profundity,
posing questions
that ended in a barely perceived sob,
declarations escalating into ultimatums,
frenzied challenges
answered by a mesmerized crowd
who broke into hoarse cheers of wild allegiance
to the very one who promised
and almost succeeded

Adolf Hitler, den Tribut der Massen verlangend
es als sein Recht ansah vor großem Publikum
zu Hauptstunden seine Reden zu halten
auf Film aufgenommen und im Radio gesendet.
Mit selbstherrlicher Redekunst nannte er
uns „meine lieben Volksgenossen"
sein starker Akzent
sich hebend
und fallend
in kalkuliertem Tempo
eines schlauen Schauspielers
der sein Publikum von der Bühne aus berechnet,
und sich in entscheidender Machtstellung
des deutschen Volkes
sogar der ganzen Welt erkannte.
Und er konnte es sich leisten
mit glühenden Worten
den Nutzen gerechter Tapferkeit
auszudrücken
unschuldige Augen
in geübter Weise hob
und die Rechtmässigkeit seiner Entscheidungen darlegte
er das „R" mächtig rollte und das „S" zischte,
seine Fäuste schüttelnd hob
und mit Wucht herunter schlug,
während er Fragen stellte
die in einem leisen Seufzer endeten,
Erklärungen, die sich in Ultimaten steigerten.
Rasende Herausforderungen
von einer hypnotisierten Masse
in wilder Untertanentreue beantwortet
in heiseres „Sieg Heil, Sieg Heil" Geschrei ausbrechend,
und denen er versprach
und dem es fast gelang

in shedding every last drop of German blood
in the defense of "his German Fatherland"
though he was Austrian by birth
or perhaps because of it.

I suddenly came upon my father
in his Volkssturm uniform.
He was embarrassed to see me.
Asked what he was doing here, he said:
    I am on a secret mission for Messerschmitt,
    do not tell anyone that you saw me
and he quickly walked on.
My arm was grabbed by a nervous man:
    Was that your father,
    where did he go?
    I saw no one!
tearing away and running,
fearing for my father's life.

jeden letzten Tropfen deutschen Blutes zu vergießen
in der Verteidigung seines „deutschen Vaterlandes"
obwohl er von Geburt her Österreicher war
oder vielleicht sogar deshalb.

Auf der Strasse stand plötzlich mein Vater vor mir
in seiner Volkssturm Uniform.
Es war ihm peinlich, dass ich ihn sah.
Als ich fragte was er hier macht, sagte er:
      Ich muss etwas für Messerschmitt erledigen
      sage niemand, dass du mich gesehen hast
und ging schnell an mir vorbei.
Mein Arm wurde von einem nervösen Mann gefasst:
      War das dein Vater,
      wo geht er hin?
      Ich habe niemand gesehen!
und riss mich los und rannte,
um das Leben meines Vaters bangend.

SHELTERS

A mother and daughter made their way
over the rubble in Berlin carrying a heavy suitcase
the last of their belongings.
It was dark and cold.
They were in a hurry.
 I am tired, I want to sit down,
said the elegant old lady.
 Mamilein, you can't sit down now
 we have to find shelter
 where you can be safe until I come back to get you,
 then we will leave and you can rest.
 Now, come along, we haven't much time.
 I want to go home!
 Don't you remember, we were bombed last night.
 We have no home.
 But I want to go home. Now take me,
said the old woman obstinately letting go of the case.
 Mami, darling, I know.
 And we'll go home again some day,
 but right now, let's just find shelter.
 I don't want to find shelter, I want to go home.
 Then I will have to carry you.
The daughter set down the case
picked up the old woman
and carried her like a child
toward the entrance of the community shelter
at the end of the street.

LUFSCHUTZKELLER

Mutter und Tochter
stiegen über die Trümmer in Berlin
einen schweren Koffer zwischen sich,
das Letzte was ihnen geblieben war.
Es war dunkel und kalt
und sie waren in Eile.
     I bin müde, ich setz' mich hin
sagte die elegante alte Dame.
     Mamilein, du kannst dich hier nicht hinsetzen
wir müssen zum Luftschutzkeller
wo du in Sicherheit bist, bis ich dich abhole.
Dann können wir weg und du kannst dich ausruhen.
Komm schon, wir haben keine Zeit.
     Ich will nach Hause!
Weißt du nicht mehr, wir sind doch über Nacht
ausgebombt worden. Wir haben keine Wohnung
mehr.
     Aber ich will nach Hause.
     Jetzt nimmst du mich nach Hause.
sagte die alte Frau bockig und lies den Koffer los.
     Mamilein, Süsse, ich weiß.
Und eines Tages gehen wir wieder nach Hause
aber im Moment müssen wir Schutz finden.
     Ich will keinen Schutz. Ich will nach Hause.
Dann muss ich dich eben tragen.
Die Tochter ließ den Koffer stehen,
hob die alte Frau auf und trug sie wie ein Kind
zum Eingang des Luftschutzkellers
am Ende der Straße.

She found a single chair against a wall
deep inside and gently put her mother down saying:
    I must get the office packed up
    you stay here until I come back
    please promise me that you will stay.
    Well, all right, her mother replied grudgingly.
Asking nearby occupants to keep an eye on her mother,
the young woman left while sirens wailed.
The heavy door locked behind her as she hurried off.

    Let me out, just let me out
shouted the old woman while bombs were flying,
    I am going home now.
No one listened to her and she kept shouting.
People around her began shouting back,
telling her to be quiet.
The small woman did not listen.
No one wanted the burden of watching over her.
When a lull permitted a quick exit,
someone opened the door and let her through.
With dignity she walked past human corpses,
standing along walls outside,
lungs collapsed
having missed admission into safety.

    Nice of you to have come,
she said with an air of benevolence.
She walked down the street to her suitcase
visible in the clash of explosions and fire,
sat down demurely on the case
looking around for her daughter.

80

Sie fand einen leeren Stuhl an der hinteren Wand
setzte sie sanft hinein und sagte:
Ich muss die Sachen im Büro einpacken.
Bleib hier sitzen bis ich dich abhole.
Bitte versprich mir dass du hier bleibst.
Na ja, dann eben
antwortete ihre Mutter widerwillig.
Die Tochter bat nahebei Sitzende auf ihre Mutter
aufzupassen
und sie eilte zum Ausgang während die Sirenen heulten.
Die schwere Tür wurde hinter ihr verriegelt.

Ich will nach Hause, lassen Sie mich gehen!
rief die Dame als die Bomben fielen.
Ich gehe jetzt nach Hause.
Keiner hörte auf sie.
Nervöse Leute riefen ihr zu
sich zu beruhigen und still zu sein.
Aber die alte Dame hörte nicht darauf
wurde immer eindringlicher.
Niemand wollte sich mit ihr befassen.
Als das Toben der Bomben nachließ
öffnete jemand die Tür und ließ sie hinaus.
Sie ging mit Würde an toten Menschen vorbei
die vor der Tür an der Wand
mit blauen Lippen angelehnt standen
ihre Lungen von Sprengbomben zerrissen.

Reizend von Ihnen zu kommen,
sagte sie würdevoll, mit kleinen Händen grüßend.
Sie wanderte die Straße entlang zu ihrem Koffer
der im zuckenden Licht der Sprengungen
und Feuer deutlich zu sehen war,
und setzte sich schlicht darauf,
sah sich nach ihrer Tochter um.

81

The ground rocked and swayed
and she finally became aware of the noise.
Realizing that her daughter was not there,
remembering that she had promised something,
it dawned on her
that she had done something terribly wrong.
Bowing her head
she folded her beringed hands in prayer.

Looking for her mother in the morning,
the young woman arrived at the shelter.
Those alive remembered the old woman's demands.
In haste she retraced yesterday's steps
and came upon a huge crater in the street,
pieces of a suitcase.
Her heart-wrenching sobs
joined sobs all over Europe,
all over the world.

AIR TRAFFIC

Anti-aircraft stations,
cannons set on wooden platforms at tree top level,
huge searchlights surrounding each.
Sirens howling from rooftops
high beams piercing the night sky
searching dotting clouds into voids above.
Aircraft spotted, cannons blaze
dangerous fruit skyward in wild abandon
sometimes hitting their targets.
Yet in bitter irony these flack stations provided
information needed to pinpoint a city's exact location

Die Erde rüttelte und schwankte.
Die heulende Hölle des Angriffs
brachte sie schließlich zur Besinnung.
Sie merkte, dass ihre Tochter nicht da war
erinnerte sich dass sie irgend etwas versprochen hatte
und es wurde ihr plötzlich klar
dass sie etwas ganz furchtbar falsch gemacht hatte.
Sie beugte ihren Kopf
und faltete ihre beringten Hände.

Am nächsten Morgen kam die Tochter
zum Luftschutzkeller und suchte nach ihrer Mutter.
Überlebende erinnerten sich an die Anforderungen
der alten Frau. In Eile ging die Tochter zurück
und fand einen Riesen-Krater in der Straßenmitte,
Fetzen eines Koffers.
Ihr herzzerreißendes Schluchzen
verband sich mit den Tränen Europas
mit den Tränen der ganzen Welt.

FLUG VERKEHR

Flakstationen
Kanonen auf hölzernen Plattformen in Baumhöhe,
Riesen Scheinwerfer im Kreise herum.
Sirenen heulen von Hausdächern

Scheinwerferstrahlen stoßen in den Nachthimmel
zwischen die Wolken.
Flugzeuge erfasst, Kanonen spucken
gefährliche Früchte mit Wucht
ihre Ziele manchmal treffend.
Flakstationen brachten jedoch genaue Lage

marking it for air raids
and assured destruction
as fate of war took its turn.

Away from cities,
a different kind of war raged.
American mustangs,
small fast aircraft
carrying two bombs
armed with a machine gun,
unlimited ammunition.
In two's,
crisscrossing the countryside
diving toward target
from the direction of the sun
close to breaking mach
going for trucks, cars, motorcycles,
or groups of people working fields.

A momentary glint -
reflection of aircraft wings -
seconds to attack -
a shout
two silver bullet birds
strafing.
Dashing for cover
diving a ditch,
ducking into barn
slamming a door,
cowering with baited breath
machine gun fire rat-tat-tat.
Cat and mouse play for real.

und Ziel für Luftangriffe
und der Städte sichere Zerstörung
als der Krieg sich ausweitete.

Auf den Dörfern
fand ein anderer Krieg statt.
Amerikanische Mustangs,
kleine schnelle Maschinen
die zwei Bomben trugen
ein Maschinengewehr und
unbegrenzte Munition.
Sie kamen zu zweit,
flogen über die Landschaft hin und her
stürzten auf ihr Ziel
von der Sonne kommend
mit Geschwindigkeit nahe Schallgrenze
zielten auf Lastwagen, Autos, Motorräder
oder Gruppen von Bauern auf dem Felde.

Momentanes Aufblitzen
Reflexion von Flugzeugflügeln
Sekunden bis zur Attacke –
ein Schrei
zwei silberne Vögel schossen
auf uns zu.
Schnell Schutz suchen!
sich in den Graben werfen!
in die Scheune!
Tür zu -
mit gehaltenem Atem kauern!
Maschinen-Gewehr rat-tat-tat.
Gefährliches Katz' und Maus Spiel.

Two flying teams,
different techniques,
rotating every two weeks.
The B-Team out for blood,
destroying anything that moved
cars, trucks, people, animals, even small dogs running
as in target practice.
Team A sometimes compassionate,
sparing the prone body in a ditch
deferring slaughter
pulling out of dive
rolling off
disappearing on the horizon
staying away an hour or so.

We appreciated the A-Team
our mental friends
daring to wave to them
as they were upon us and we dashed for shelter.
They were our heroes
in those last uncharted days of war.

THE LONG WALK HOME

You'd better get yourself home to your mother,
the landlady said
and I left swaying
under the weight of a rucksack.
A balmy March afternoon
melting snow ran dirty into gutters and ditches
yellow crocus confirming spring.
A Red Cross train slowly pulled away
from the burning station,
two locomotives huffing and puffing

Wir beobachteten zwei fliegende Staffeln
mit verschiedenen Flugtechniken
die sich alle zwei Wochen ablösten.
Die B-Staffel wollte Blut.
Sie zerstörten alles was sich bewegte
Autos, Lastwagen, Menschen, Tiere, sogar
kleine Hunde als Zielübung.
Die A-Staffel zeigten uns Mitleid
ließen den steifen Mann im Graben leben
unterließen Mord
zogen aus dem Sturzflug heraus
drehten ab
verschwanden am Horizont
blieben ein paar Stunden weg.
Wir schätzten die A-Staffel
unsere seelischen Freunde.
Wir wagten ihnen zu winken
als sie auf uns zustürzten
und wir flüchteten.
Sie waren unsere Helden
in den letzten gesetzlosen Tagen des Krieges.

DER LANGE WEG NACH HAUSE

Geh nach Hause zu deiner Mutter
sagte die Hauswirtin
und ich verließ ihr Haus wankend unter
dem schweren Rucksack.
Ein warmer März Nachmittag, Schnee
schmolz schmutzig in den Strassengraben
gelber Krokus bestätigte Frühling.
Der Rote-Kreuz-Zug verließ langsam
die brennende Bahnhofsstation
zwei Lokomotiven pusteten kräftig

pulling a long line of cars loaded with wounded.
A lark hurled itself skyward
praising the day in titillation
its tiny body falling and rising
advancing from verse to verse
in its a cappella song
never stopping to catch its breath.
I listened, happy,
wet boots dodging puddles.

Faint noise attracted attention
a knife drawn over steel.
The B-Team !
A single leap into the watery ditch
as air screamed and tore apart with a gigantic woosh
a force pushing my body deep into mud
lungs nearly collapsing -
deafening noise,
aircraft banking, coming back
heading for the narrow pass
where the train had taken shelter.
Engines screaming
diving at target
releasing death
gigantic thud,
screech of metal exploding
cloud of steam spreading
aircraft circling.

Eyes squeezed shut I waited
for bullets to fly where I lay.
Deafened senses recognized sounds different.
One aircraft was circling instead of two.
Time and again the aircraft came back
reluctantly disappearing at last.

eine lange Wagenkolonne Verwundeter
mit sich ziehend.
Eine Lerche warf sich gen Himmel
den Tag mit ihrem Singen lobend
der kleine Vogelkörper fiel und hob sich
von einem Vers zum nächsten
in a capella ohne Atem zu holen.
Ich hörte zu, glücklich,
und wich mit nassen Stiefeln den Pfützen aus.

Ein leiser Ton machte mich aufmerksam
eine Messerschneide über Stahl gezogen.
Die B-Staffel!
Mit einem Sprung war ich im wässrigen Graben
die Luft riss in Fetzen
drückte mich tief in das sumpfige Wasser
Lungen zerquetschend.
ohrenbetäubender Knall.
Flugmaschinen kreischend
im Sturzflug aufs Ziel
Todesbomben entlassend,
ein zweiter wilder Luftdruck
donnernde Explosion von Metall
unheimliche Wolke ätzender Dampf,
Flugzeug Gedröhn.

Mit zugekniffenen Augen wartete ich
auf Maschinengewehrkugeln.
Betäubte Ohren vernehmen schließlich, dass
nur eine Maschine kreist, nicht zwei.
Immer wieder kam das Flugzeug zurück
um endlich nach langer Weile zu verschwinden.

Shaking I squeezed the mud from skirt and sweater
righted rucksack, ascended into the forest.
Huge oaks across the road
neatly split lengthwise into arm-width slivers
roots to crowns,
a huge swath of forest felled.
Eerie silence.

Moving toward the pass
a smell of steam and acrid sulfur
and there below
the locomotives
their iron womb laid open
tiny puffs of steam escaping:
    mud-puff-puff
like a heart laid bare beating
    mud-puff-puff.
Agonized screams from the train:
    For God's sake isn't anyone here to help us?

Sudden terror
esophagus contorting
stomach heaving
intestines bursting
knees buckling
head rolling between shoulder blades
eyes catching sight of something
among torn branches
of trees standing off to one side
trying to focus
white, large
    mud-puff-puff
straining to see
    mud-puff-puff
in focus

Zitternd presste ich den wässrigen Schmutz
von Rock und Jacke, richtete meinen Rucksack auf,
ging dem Wald entgegen.
Riesige Eichen lagen quer über der Straße
in armbreite Scheiben gespalten,
von den Wurzeln zur Spitze,
ein ganzer Waldteil gefällt.
Unheimliche Stille.

Näher zum Hohlgang
Geruch von Dampf und beißendem Schwefel
und da, dort unten die Lokomotiven
ihre eisernen Kessel zerrissen,
kleine Dampfwolken entwichen
        matt-paff-paff
wie ein offenes Herz klopfend
        matt-paff-paff
qualvolle Schreie vom Zug:
        In Gottes Namen, ist hier niemand der uns hilft?

Mit Entsetzen
schloss sich mein Hals
bäumte sich der Magen
erweiterten sich die Eingeweide
Knie gaben nach
Kopf rollte nach hinten.
und ich sah etwas
zwischen den zerrissenen Ästen

in den noch stehenden Bäumen,
etwas weißes, großes
        matt-paff-paff
anstrengen klar zu sehen
        matt-paff-paff
im Brennpunkt

wedged between two large branches
a man's bloodless leg torn from the hip
without clothing nor boot
thirty feet up.
Bounding over fallen trees toward the road
the heavy hand of terror
like a shadow
running, running
chest hurting
pain in side
running
deeper into the forest
away from war.
Gasping
heaving green foam
burying wet face in patches of moss
whimpering.

Mother took a long look at me
turned pale
lifted the rucksack from my shoulders:
    Quite noisy over the horizon?
    They hit a Red Cross train.
    I see.
She warmed water on the wood stove
and let me wash my face and arms
as we turned mute
to the incident and each other.

zwischen Ästen eingeklemmt
das blutlose Bein eines Mannes
von der Hüfte gerissen
weder Bekleidung, noch Stiefel
zehn Meter hoch.
Ich raste der Straße zu
über gefallene Bäume
die schwere Hand des Entsetzens
rannte wie ein Schatten mit.
Lungen schmerzten
Stiche in der Seite
ich rannte
tiefer in den Wald
rannte weg vom Krieg
keuchend
konnte schließlich nicht mehr weiter
spuckte grünen Schaum in den weichen Waldboden
verbarg mein Gesicht in einem Flecken Moos
und wimmerte.

Mutter sah mich an
wurde blass
nahm mir den Rucksack ab.
        Riesen-Getobe am Horizont?
        Die haben den Rote-Kreuz-Zug bombardiert
        Ach, so.
Sie wärmte Wasser am Holzofen
und ich wusch mir Gesicht und Arme ab,
und wir verstummten beide
über den Vorfall.

No dive bombers came to attack for weeks.
In vain we waited for the A-Team to play mouse,
those fast silver cats in the sky.
We missed our beloved enemy.

Refugees arrived from Holland,
Latvia, Lithuania, Poland, Silesia,
Pomerania, Bohemia, Hungary,
Czechoslovakia,
carrying on emaciated shoulders
their only possessions.
Hungry and sick, louse-infested
they huddled on fraying suitcases
a single pillow in their arms,
children in shorts and worn boots
trying in vain
to cover shivering knees.

No one listened to their moaning.
The country was too weak,
too exhausted to feel compassion.

POWs

Janosh and Zadek
were Polish prisoners of war
assigned to do yard work
and the heavy stuff around the house.
For two years a uniformed guard brought them
once a week, picked them up a dusk.

Wochenlang kamen keine Sturzflieger mehr.
Wir warteten vergeblich auf die A-Staffel
um wieder Maus zu spielen mit den schnellen
silbernen Katzen des Himmels.
Wir vermissten unsere lieben Feinde.

Flüchtlinge kamen von Holland
Lettland, Litauen, Polen, Schlesien
Pommern, Böhmen, Ungarn,
aus der Tschechoslowakei.
Sie trugen auf ausgemergelten Schultern
alles was sie noch besaßen.
Hungrig, krank, und voller Läuse
kauerten sie auf abgenutzten Koffern
ihr Kopfkissen im Arm,
Kinder in kurzen Hosen
und abgetragenen Stiefeln
die umsonst versuchten
ihre fröstelnden Knie zu bedecken.

Keiner hörte auf ihr Stöhnen
das Land war zu schwach, zu zerstört
um Mitleid zu fühlen.

GEFANGENE

Janosh und Zadek
waren polnische Kriegs-Gefangene
zur Gartenarbeit eingeteilt und
die Schwerarbeit im Haus zu verrichteten.
Zwei Jahre lang brachte ein uniformierter
Volkssturm-Wächter einmal die Woche
und holte sie am Abend wieder ab.

95

Zadek, tall, round faced, slope shouldered
cunning
maliciously tripped and kicked us
mumbling Polish threats and curses.
We avoided his seething anger and loping gait,
but we liked Janoshi.
Hoeing away in the garden he sang Polish songs
of love and death,
of blood and longing,
his blue eyes sparkling with kindness.

He did not mind the POW armband.
He was safely away from enemy encounter,
from blood and gore.
He watched over us,
talked like a neighbor to mother,
considered himself lucky to have found a safe niche
waiting out the tides of war.
He sat on the bench in front of the house
in the heat of the day,
and told us stories about his home in Poland,
his many brothers and sisters.
He was part of the family,
we shared our food with him
and he smiled a lot at me.
    My little one, my sweet little one,
he said one day
his arms like steel against me,
    how I wished you lived in my town
    with no war to divide us!
    Janoshi, you are pushing me!
He moved away.

Zadek, groß, mit hängenden Schultern
und Hass in verschlagenem Ausdruck
stellte uns das Bein, trat uns gehässig
murmelte polnische Drohungen und Flüche.
Wir wichen seinem gärenden Ärger und
rollendem Gang aus,
aber Janoshi hatten wir gerne.
Er sang polnische Lieder
wenn er im Garten hackte,
Lieder von Liebe und Tod
von Blut und Sehnsucht, und
seine blauen Augen strahlten freundlich.

Die Gefangenen-Armbinde machte ihm nichts aus.
Er war von feindlichen Angriffen entfernt
vom Blutvergießen und Verletzungen.
Er passte auf uns auf
unterhielt sich wie ein Nachbar
mit unserer Mutter
und war glücklich
den Fluten des Krieges auszuweichen.
Er saß auf der Bank vor dem Hause
wenn es zu heiß war und erzählte uns
Geschichten aus seiner Heimat in Polen,
von seinen Brüdern und Schwestern.
Er war wie ein Mitglied unserer Familie.
Wir teilten unsere Lebensmittel mit ihm
und er lächelte mich oft an.
        Meine Kleine, meine süße Kleine
sagte er eines Tages
sein Arm wie Stahl um mich
        ich wünschte du lebtest in meiner Stadt
        ohne Krieg, der uns entzweit!
            Janoshi, du drückst mich kaputt!
Er trat zurück.

I will carry the memory of you
in my heart forever, he whispered,
think of me once in a while,
my dear little one,
and remember Janoshi.
Zadek off to one side
growled like a dog choking.
When they left that evening
I saw that Janoshi was crying.
No prisoners came to work anymore.
Eerie silence lay over the valley
a void, no man's land, anarchy foreshadowing.
no one ventured out of barricaded homes
and hiding places.
Pregnant, foreboding quiet.
In a worried world of her own
mother heard none of our questions
gave no answers when spoken to.
She peered through slats of shuttered windows
to south and east and west.

A thumping and running around the midnight house,
voices, urgent whispers,
hissed argument at the door,
impassioned,
growing louder.
Mother dressing us white faced,
urgent
tight lipped
hand signaling to be quiet
buttoning overcoats,
tying hoods and mittens
wedging us behind the cold living room stove,

Ich trage die Erinnerung an dich
in meinem Herzen für immer,
flüsterte er,
denk' an mich manchmal
meine liebe Kleine
und vergiss Janoshi nicht.
Zadek stand beiseite
und knurrte wie ein erstickender Hund.
Als sie am Abend weg gingen
sah ich, dass Janoshi weinte.

Von nun an kamen keine Gefangenen mehr.
Ein unheimliches Schweigen lag über dem Dorfe,
eine Leere, Niemandsland, Anarchie anzeigend.
Niemand wagte aus verschanzten Häusern
und Verstecken zu kommen.
Eine schwangere, unheimliche Stille.
In ihrer eigenen sorgenvollen Welt
hörte unsere Mutter keine Fragen
gab keine Antworten wenn man sie ansprach
sie spähte durch die Ritzen der Fensterläden
nach Süden und Osten und Westen.

Ein Rennen um das mitternächtliche Haus!
Stimmen.
Dringendes Geflüster
zischelnde Argumente an der Tür
immer lauter werdend.
Mutter, blass, zog uns in Eile an
mit zusammen gepressten Lippen
Hand vorm Mund anzeigend still zu sein
unsere Mäntel zuknöpfend
Mützen und Handschuhe überziehend
schob sie uns dicht
hinter den kalten Wohnzimmer Ofen

stationing herself in front of us
shaking.
Outside intense arguing,
a fight!
It's Janosh and Zadek and their friends, Mami.
Let Janosh in!
finger on her lips
Janosh shouting in desperation - No!
Angry voices, cursing,
heavy blows to a body and door.
No, by God!
Fierce and desperate thudding
a slumping to the stoop,
dejected voices melting away in the dark.

Mother made us stay in the house
while she and a neighbor
washed the blood from door and stoop.
The bicycles were gone,
and Janoshi,
chivalrous beloved Polish prisoner,
friend, father figure
lover of one -
I never saw you again -
to thank you for saving lives and innocence!

stellte sie sich zitternd davor
während draußen lautes Streiten und
Kämpfen zu hören war.
　　Janosh und Zadek und deren Freunde, Mami.
　　Lass' Janosh herein!
　　Mutters Finger an den Lippen.
　　Janosh in Verzweiflung rufend: Nein!
Zornige Stimmen, lautes Fluchen
heftige Schläge an Körper und Tür.

　　Nein, in Gottes Namen nicht!
hartes, verzweifeltes Kämpfen
ein schwerer Fall auf der Treppe
enttäuschte Stimmen verschwinden in die Nacht.

Wir mussten im Haus bleiben
während Mutter und die Nachbarin
das Blut von der Tür und der Treppe wuschen.
Die Fahrräder waren gestohlen
und Janoshi
tapferer, beliebter polnischer Gefangener,
unser Freund, Vater Figur
der einen von uns so liebte -
ich habe dich nie wieder gesehen
um dir für unser Leben
und meine Unschuld zu danken!

FINAL DAYS

Noise of heavy artillery.
   Well good, people said,
   we are finally getting into the bloody last of it,
   they'll do away with us
(that's what censored radio news had said)
   our suffering will be over.
No one cared anymore.

German soldiers walked out of the forest down the gulch
toward the village,
white rags affixed to lopped-off hazelnut branches.

A wordless procession
descending from the wooded hills far beyond the village,
a column of men
dressed in gray-green felt
without rank nor insignia
some asking for water,
others just walking glumly by.
With tears in her eyes mother prepared a watery fruit juice
of elderberries.
Heaving large pitchers
to the roadside
we filled canteens walking by.
Some nodded thanks
others stumbled on,
some cried,
wishing out loud
that we children
should never have to see
such days again,
some walked proudly by
refusing even water.

DIE LETZTEN TAGE

Geräusch von schweren Geschützen
    Gott sei Dank,
sagte die Leute
    endlich kommt das blutige Ende
    und wir werden alle erschossen.
(zensierte Nachrichten hatten dies verbreitet)
    unser Leiden wird endlich enden.
Keiner hatte Kraft den Krieg weiter zu ertragen.

Deutsche Soldaten kamen aus dem Wald
durch den Hohlweg, gingen dem Dorfe zu
weiße Tücher an Haselnussruten gebunden.

In wortloser Prozession
kamen sie aus den bewaldeten Hügeln
weit hinter dem Dorf hervor,
einen lange Kolonne Männer in grau-grünem Filz
ohne Rang, ohne Abzeichen
manche um Wasser bittend,
andere gingen stumm an uns vorbei.
Mit Tränen in den Augen mischte Mutter
einen wässrigen Fruchtsaft aus Holunderbeeren
und schleppte große Kannen voll and den Weg.
Wir füllten die dargebotenen Feldkanister.
Manche nickten Dank
andere stolperten weiter,
manche weinten
und wünschten uns
dass wir diese Tage nie wieder
zu erleben hätten,
andere gingen stolz an uns vorbei,
verweigerten angebotenes Wasser.

Suddenly a soldier cried out in hopeless desperation:
We deserve no better than to be shot, the whole lot of us!
Mother sent us into the house
and she alone stayed on to offer wordlessly
libation to the beaten.

The next day artillery fire hit close,
grenades whistled.
We hugged basement supports praying.

A man came to the house asking for shelter:
    I need to stay here tonight,
    I won't harm you.
Reserved and quiet he took the piece of bread
my mother offered and asked for water.
Mother put me on the couch in the living room
and moved her pillow into the children's bedroom,
asked the stranger to have a night's rest in her bed.
He stretched out between sheets and said:
    This is paradise, instantly asleep.
Before dawn he awakened.
Given my father's suit he took it wordlessly.
He refused the slice of bread.
    Give it to the children, he said.
    What is your name?
He hesitated: Karl,
and vanished into the predawn dark.

Plötzlich rief ein Soldat in hoffnungsloser Verzweiflung:
Wir verdienen, dass wir alle erschossen werden!
Da schickte uns Mutter ins Haus
und sie alleine blieb stehen und bot wortlos
Erfrischung den Geschlagenen an.

Am nächsten Tag schlug Artilleriebeschuss ein,
rund ums Haus.
Hand-Granaten pfiffen.
Wir hielten uns an den Keller Stützen fest und beteten.

Ein Mann kam zum Haus, bat um Schutz.
Ich muss heute Nacht hier bleiben,
Keine Angst, ich tu' euch nichts.
Zurückhaltend und still, nahm er ein Stück Brot
das ihm meine Mutter gab und bat um Wasser.
Mutter machte mein Bett auf der Wohnzimmer-Couch
nahm ihr Kopfkissen ins Kinderschlafzimmer
und ließ den Fremden in ihrem Bett schlafen.
Er streckte sich zwischen den Laken aus und sagte:
Wie im Paradies, und schlief sofort ein.
Er erwachte vor Morgendämmerung.
Wortlos zog er den Anzug meines Vaters an.
Er verweigerte die Scheibe Brot.
Geben Sie es den Kindern,
sagte er.
Wie heißen Sie?
Er zögerte: Karl,
und verschwand in der dämmernden Dunkelheit.

V. E. DAY – THE OTHER SIDE

Persistent rumbling
over the only paved road in the valley
woke us before dawn.
Unbroken columns of American fighting men
in olive-green tanks,
trucks, jeeps, artillery - steel on wheels -
rumbling, slowing, screeching, going, accelerating.
Mile after mile,
a column of vehicles and men
never ending.
A military might
moving from west to east.
Losing count of their number,
losing count of days, of nights
in the unbroken rumble
remembered only
as a final historical paradox
piled onto war-worn minds
accepted without benefit of question
or even wonderment.

Moving west to east through the length of all Bavaria
American fighting forces racing hard to meet
their Russian counterparts.

SIEG – DIE ANDERE SEITE

Hartnäckiges Gedröhn
über die einzige gepflasterte Straße im Tal
erweckte uns am frühen Morgen.
Ununterbrochene Kolonnen
amerikanischer Frontsoldaten
in oliv grünen Lastwagen,
Jeeps, Artillerie – Stahl auf Rädern –
kreischten an, rasselten, verlangsamten,
fuhren weiter, langsam dann wieder schnell.
Kilometer um Kilometer
eine Kolonne von Fahrzeugen und Männern
ohne Ende
eine militärische Kriegsmacht
die sich von Westen nach Osten wälzte.
Wir hörten auf,
die Massen von Fahrzeugen zu zählen,
hörten auf Tage und Nächte zu zählen
im ununterbrochenen Gedröhn.
Wir nahmen es hin
als geschichtliches Paradox des Endes.
Unsere kriegsbeschädigten Seelen
nahmen es fraglos hin
ohne uns weiter zu wundern.

Von Westen nach Osten
durch die Länge von ganz Bayern
eilten amerikanische Kriegsverbände
um sich mit ihren russischen Truppen zu treffen.

Armed soldiers advanced cautiously
but without fear from house to house
searching for enemy snipers,
for hidden arms and large radios.
Villagers gave them what they wanted.
There were no weapons,
neither were there any men of military age.

Thank God it is over,
thank God, no more worry about Hitler
and people wished him in hell as well
as they pointed to their crowded cemetery
bursting with birch wood crosses.
Buried lay their future,
pawns in a chapter of history
that none of them desired nor even understood.
Parents and grandparents,
without hope
didn't care what allied forces
were going to do,
no worse than the news
that their progeny was no more.

A lone American soldier advances up the hill to the house.
M-1 aimed at ashen faced ten.
Hands high they descend timidly
two stone steps, blind and mute with fear.
Muzzle motioning to form a line
the time has come to die.
Three women, seven children, two to twelve
under the chestnut tree in the garden.
Men? No men.   Radio? Yes.
Cautious he enters the house, returns empty handed.
Men? the question ringing with suspicion.
In war, in Russia, maybe dead.

Bewaffnete Soldaten gingen vorsichtig
aber ohne Furcht von Haus zu Haus
suchten nach feindlichen Scharfschützen,
nach versteckten Waffen und großen Radios.
Die Bauern gaben ihnen was sie brauchten.
Niemand hatte Waffen
außerdem waren keine Männer
in kriegspflichtigem Alter zu Hause.
Gott sei Dank es ist vorbei,
Gott sei Dank, mit Hitler ist es aus,
und die Leute wünschten ihn zur Hölle
und zeigten auf die vielen Kreuze im gefüllten Friedhof.
Begraben lag dort ihre Zukunft und sie selbst
waren Schachfiguren der Geschichte
eines Krieges den niemand wollte
und niemand verstand.
Ohne Hoffnung
war es den Hinterbliebenen gleichgültig
was alliierte Truppen machten
nichts war schlimmer als der Verlust
ihrer Nachkommen.

Ein einzelner Soldat stieg den Berg auf das Haus zu.
Sein Maschinengewehr auf bleiche Zehn gerichtet.
Mit erhobenen Händen kommen wir schüchtern
zwei Steintreppen herunter,
blind und stumm vor Angst.
Mündung zeigt eine Linie an.
Zeit zu sterben.
Drei Frauen, sieben Kinder, zwei bis zwölf
unter dem Kastanienbaum im Garten.
Männer? Keine Männer. Radio? Ja.
Vorsichtig geht er ins Haus, kommt zurück
mit leeren Händen.
Männer? Die Frage voll Verdacht
Im Krieg. In Russland. Vielleicht tot.

The women know it is their end.
The war is over.
Best to die with dignity,
let the deed be done.
Pointing his M-1, deadly serious. How old? Twenty-one?
Tormented sheep eating grubs and grasses,
emaciated, dysentery racked,
full of fever, minds turned gray as stone and hopeless
the barrel of his gun will bring salvation,
end the fear, end humiliation,
end it quickly, give us deserved release,
we won't make noise
without whimper we promise quietly to succumb.
The row of ten with downcast gaze a final prayer sent.
Studying faces one by one
peering into each quavering heart
with quiet understanding
and casual gesture swung
his rifle over one shoulder,
turned and sauntered valley-ward
toward the country road.

The women and children left standing waited,
waited for reinforcements to finish the inevitable.
They waited. The children began softly to cry
with questioning faces, wondering why,
mothers looking at each other.
Thirty minutes and no one came
to claim ten lives to silence.
With hesitating steps retreating
they ask with halting voice
when they would be taken prisoner
and where the children were going to be assigned
in work camps,

Die Frauen wissen es ist ihr Ende.
Der Krieg ist vorbei.
Mit Würde sterben ist das Beste
so lasst es schon geschehen.
Maschinengewehr auf uns gerichtet
tödlich ernsthaft. Wie alt, einundzwanzig?
Ausgezehrt, voll Durchfall
wie Schafe essen wir Raupen und Gras
voll Fieber, unsere Seelen grau
wie Stein und hoffnungslos
die Mündung des Gewehrs bringt Erlösung
von Angst, von Demütigungen
Mach' ein Ende, gib' uns Erlösung
ohne Geschrei, ohne Weinen
versprechen wir leise zu sterben.
Die Zehn mit niedergeschlagenen Blicken
senden ihr letztes Gebet.
Eins nach dem anderen sieht er in die Gesichter
sieht in jedes zitternde Herz.
Mit schweigendem Verstehen
und nachlässiger Gebärde schwang
er sein Gewehr über die Schulter
kehrte um und wanderte zurück ins Tal.

Die Frauen und Kinder warteten,
warteten auf Verstärkungstruppen
die das Unvermeidliche vollbringen.
Sie warteten. Die Kinder begannen leise
zu weinen, fragten warum.
Mütter sahen sich an.
Dreißig Minuten und niemand kam
um zehn Leben auszulöschen.
Mit zögernden Schritten gingen sie ins Haus,
besprachen im Unterton
wann sie in Gefangenschaft kommen und wo
die Kinder ins Arbeitslager verschickt werden

and how many would return to have their way,
and what else would happen that day.

Thousands of trucks
carrying tens of thousands
of fighting men
over the single country road.
No civilian blood was shed, no spoils demanded.
The vanquished were counted and given their life.
Our victor's magnanimity
became war's legacy
their compassion
changed world history
and a conquered world remembers
valiant U.S. combat soldiers in May of 1945.

American combat troops
came upon cities in ruin,
a country
littered with abandoned vehicular carcasses
farm machinery rusting in the mud of spring snow melt
waiting for their team.
Battered humanity walked in rags,
in left over man's clothing
lugging fraying cotton pieces
tied in bundles.
Women and children
hiding hair loss under
tightly knotted scarves,
hanging on to teeth
too lose to chew,
walking a hulking gait in fearful trepidation
afraid to look at anyone.
A society of females and under age children

und wie oft sie vergewaltigt werden
und was heute sonst noch geschehen wird.

Tausende von Lastwagen,
zehntausend Kampf-Truppen
rollten über die einzige Dorfstraße,
ohne Blutverlust, ohne Kriegsbeute.
Besiegte wurden gezählt und am Leben erhalten.
Die Großmut der Sieger
wurde zum Kriegsvermächtnis
und ihre Großzügigkeit
änderte die Weltgeschichte.
Heute noch erinnert sich die besiegte Welt
an die heldenhaften
amerikanischen Soldaten im Mai 1945.

Amerikanische Kriegstruppen
fanden Städte in Trümmern,
voll von zerstörten Kraftwagen.
Landmaschinen die im Frühlings-Tau rosteten
und auf ihre Pferde warteten.
Eine geschlagene Menschheit lief in Fetzen
in hinterlassener Männerkleidung,
trugen ihr Hab und Gut
in Bündel geschnürt.
Frauen und Kinder
versteckten Haarausfall
unter festgeknoteten Kopftüchern
hielten an lockeren Zähnen fest
die zu lose zum Kauen waren,
gingen mit gebeugtem Gang
und ängstlichem Zittern,
wagten nicht dem Anderen ins Auge zu sehen.
Eine Gemeinschaft
von Frauen und Minderjährigen,

little boys, little girls
but no men
except the very old infirm.

American fighting troops
shocked at the sight,
hid their compassion
behind hunched shoulders
under helmets pulled low over wet lashes
intently staring at maps and military orders
blaming an icy wind
for falling tears,
doing a job,
not judging.
Their attitude spread healing oil
like a warming blanket
over a beaten people
who took courage
and dared a ray of hope.

British forces
advancing eastward in their northern sector of Europe
took stock, appropriated,
took time to confiscate anything of value
incarcerating professionals for later evaluation,
coldly leaving their destitute enemy
while pursuing their contest
with allied U.S. forces in moving eastward
to meet their Russian allies.

kleine Jungen, kleine Mädchen
und alte, kranke Männer.

Amerikanische Kriegstruppen
entsetzt über den Anblick
verbargen ihr Mitgefühl
hinter erhobenen Schultern,
unter tief gezogenen Stahlhelmen
und starrten mit Konzentration auf
Karten und Militär-Befehle
beschuldigten den eisigen Wind
für fallende Tränen,
folgten Befehlen
ohne Urteil.
Ihr Mitleid verbreitete heilendes Öl,
tröstende Wärme
über ein gebrochenes Volk
das Ermutigung fand
und einen Schimmer Hoffnung wagte.

Britische Truppen im nördlichen Sektor Europas
ostwärts marschierend, nahmen Inventar
konfiszierten wertvolle Schätze
nahmen was sie wollten, internieren
Facharbeiter um sie später auszunutzen
ließen den besiegten Feind herzlos in den Ruinen
setzten ihren Wettkampf mit amerikanischen
Truppen fort und marschierten ostwärts
um sich mit ihren russischen Alliierten zu treffen.

Russians came crushing west in hordes.
A louse infested flee-bitten humanity,
theirs was the campaign of retribution
avenging the lives of their many lost.
They tore chandeliers from ceilings
ripped toilets from floors
and took them to their tundra huts
expecting light and working sewerage.
They ransacked and pillaged.
They confiscated wrist watches
strapping them to both arms
up to their elbows
listening mesmerized to the tiny tick-tick,
and with a gesture of regret
exchanging them for others
when mechanisms unwound, 'Uhri kaput'.

With fiendish passion they
pried from hiding places
struggling females
and raped
and raped
spreading syphilis and pregnancy
to horrified women
gone insane who climbed
ruins of multi story buildings
hanging for days onto exposed pipes and
window frames
screaming in voices no longer human,
howling their accusations
against the world
against God,

Russen kamen in zermalmenden Horden nach Westen.
Eine verlauste, Flohzerbissene Menschheit
im Feldzug ihres Vergeltens.
Sie rächten sich am Tode ihrer vielen Gefallenen.
Sie zogen Kronleuchter von Wohnungsdecken
rissen Toiletten aus Fußböden,
nahmen sie zu ihren Tundra Hütten mit
und erwarteten davon Licht und Kanalwasser.
Sie plünderten und raubten.
Sie konfiszierten Armbanduhren,
trugen sie an beiden Armen
bis zum Ellbogen
und hörten mit Begeisterung auf das kleine Ticken,
tauschten sie mit Bedauern für andere Uhren aus
wenn das kleine Werk ablief:
            Uhri kaput.

Mit boshafter Leidenschaft
zogen sie aus Verstecken
sich wehrende Frauen
und vergewaltigten sie
wieder
und wieder
verbreiteten Syphilis und Schwangerschaft
unter den Entsetzten
die vor Grauen wahnsinnig wurden,
auf hoch stockige Ruinen kletterten,
sich tagelang an entblößten Rohren
und hängenden Fensterrahmen festhielten
in unmenschlichen Stimmen heulten
Anklagen kreischend
gegen die Welt,
gegen Gott

until
exculpating
they flung themselves
to their death,
writing the final chapter in a cruel war
of a 'Thousand Year Reich'
that lasted barely twelve.

REVELATION

Staying close to the house
errands to the village were carefully scheduled
closely monitored,
mother setting out after us if we dawdled.
We dared not disobey her despotism.

A farmer living on the opposite side of the village
promised a bag of flour.
I was sent to pick it up.
Crossing the village square I was drawn
to a large black & white poster
at the school house door.
Reading the headline I stood dumbfounded:

'Atrocities Committed by Hitler's SS Troops
at Dachau'
'Mass Graves of Executed Inmates',
read the caption
showing countless bodies,
naked
bald
lying stacked
arms stiff,
fingers clawed,

bis sie schließlich aufgaben
sich zu Tode warfen,
und somit das letzte Kapitel
eines grausamen Krieges schrieben
über ein tausendjähriges Reich
das kaum zwölf Jahre dauerte.

OFFENBARUNG

Ans Haus gebunden
wurden unsere Botengänge
ins Dorf sorgfältig geplant
streng überwacht.
Mutter kam uns suchen
wenn wir zu lange weg blieben.
Wir trauten uns nicht ihr zu widerstehen.

Ein Bauer am anderen Ende des Dorfes
versprach uns eine Tüte Mehl.
Ich durfte es holen.
Am Dorfplatz ein großes Plakat
schwarz und weiß an der Schulhaustür
und las die Überschrift, stand sprachlos:

„Grässlichkeiten von Hitlers SS Truppen
in Dachau begangen."
„Massengräber hingerichteter Insassen"
stand dort.
Bilder ungezählter Menschen Massen,
aufgestapelt, nackt
ohne Haare
steife Arme
Finger-Klauen

holding onto a void,
heads tilted back,
mouths gaping,
eyes aghast.

'Incendiary Ovens for the Extermination of Corpses.'
A row of iron doors set into concrete wall,
one door open,
on a grate a human skeleton above a pile of ashes,
the caption read:

'Evidence found upon Seizure of Dachau.'
I could not make sense of the poster.
    You look, look, LOOK roared a voice behind me.
Frightened I turned
saw glaring red rage
shooting from livid eyes
a huge American uniform looming inches
emanating furious heat
itching to bludgeon.
    Yes look, you look, he shouted
his face a grimace.
Clutching the wall for support
teeth shattering,
I stared transfixed
into his distorted face.
Finally he let out his breath.
    Ah, shit, you little - - -
turned and walked away.

    You will not go down to the village again,
mother said ashen faced.

sich an nichts festhaltend
Köpfe weit nach hinten gebeugt
Münder klaffend offen
Augen entsetzt.

„Verbrennungsofen zur Vertilgung der Leichen."
Eine Reihe von Eisentüren in Betonwände gesetzt
eine offene Tür
auf einem Gitter ein menschliches Skelett
mit Überschrift:

„Beweise die bei der Beschlagnahme
Dachaus gefunden wurden."
Das Plakat war mir unverständlich.
     You look, look, LOOK,
brüllte eine Stimme hinter mir.
Ich drehte mich erschrocken um
sah rote wilde Wut
die aus zornigen Augen schoss.
Die amerikanische Uniform beugte sich über mich
ein paar Zentimeter von meinem Gesicht.
Ich fühlte heiße Wut brennend auf der Haut
mörderische Wut.
     Yes, look, you look,
schrie er
sein Gesicht eine grässliche Maske.
Ich hielt mich vor Angst and der Wand fest,
meine Zähne klapperten
und ich starrte versteinert in seine Grimasse
bis er endlich ausatmete
     Ah, shit, you little - - -
sich umdrehte und verschwand.

     Du wirst nicht wieder ins Dorf gehen
sagte Mutter erbleichend.

RUSSIAN SECTOR EXCURSION

In the dead of winter
a postcard from Potsdam
in grandmother's small feathery hand,
written lengthwise
then overlaid across.
Life is pleasant, the card said,
Russian occupation forces friendly,
much to be preferred
to hungry, suffering western occupation sectors.
Here and there a letter lay twisted
as a hand caught with arthritis.
Deciphered a message said:
father dying, come at once.
Hurriedly my father filled a rucksack
with most of the food we had
boarded the next train north
changed to the next and the next north
until he reached Berlin
crossing into the predawn Russian sector.

A Russian major and his wife
occupied the house,
leaving one room for grandparents.
She closed the door
In broken German a whisper:
    Major not here morning,
    home lunch, go away afternoon,
    back five, I not see.
On the third day she burst into the room:
    Quick, out window, soldiers come,
    take you to Siberia.

IN DEN RUSSISCHEN SEKTOR

Im tiefsten Winter
kam eine Postkarte aus Potsdam
in Großmutters kleiner federartigen Handschrift.
Die Karte war dicht ausgefüllt,
mit weiteren Zeilen quer überlegt.
Das Leben hier ist angenehm, berichtete sie,
die russischen Belagerungstruppen sind freundlich
besser als die hungernden, leidenden westlichen Sektoren.
Hin und wieder war ein Buchstabe verdreht
als ob Rheumatismus die Hand steifte.
Entziffert, eine Botschaft:
        Vater am Sterben, komme sofort.
In Eile packte Vater seinen Rucksack
mit allen Lebensmitteln die wir hatten,
nahm den nächsten Zug nach Norden
stieg in den nächsten und den nächsten
bis er Berlin erreichte
und in Dunkelheit die russische Grenze überschritt.

Ein russischer Major und seine Frau
besetzten das Haus.
Meine Großeltern durften in einem Zimmer leben.

Sie schloss die Tür
und flüsterte in gebrochenem Deutsch:
        Major morgens nicht hier
        Mittagessen hier, weg Nachmittag
        zurück fünf, ich nicht sehen.
Am dritten Tag stürzte sie ins Zimmer:
        Schnell, Fenster raus, Soldaten kommen,
        du nach Sibirien!

Dashing to the landing she shouted defiantly
at five soldiers advancing:
     Don't come any further,
     you dogs of Russian soldiers!
     I have had a bath and I am clean!
     I do not want to smell your stench!
     I am the major's wife,
     wait here, you filthy pigs
     until I am ready!
     My husband will shoot everyone of you
     if you take another step!
Escaping out of the second story window
it took my father three and a half days
to cross safely into the western sector.
He arrived home exhausted,
a telegram was waiting:
Father passed away this morning,
may his soul rest in peace.

     1947

Schools opened again in the Fall of 1947.
Maria Theresia Oberreal Gymnasium for Girls
became a second home.
Books were unavailable
supplies nearly so.
Honed in necessity
knowledge based on accurate memory was power,
a respected gift,
its owner assured of favored position in class.
Lessons jotted telegram style,
chemistry formulas on scraps of paper

sie rannte an das Treppengeländer und rief
trotzig fünf entgegen kommenden Soldaten zu:
Kommt ja nicht näher
ihr russischen Soldaten Hunde!
Ich habe gebadet und bin sauber
und will euren Gestank nicht riechen!
Ich bin die Majorin
wartet, ihr dreckigen Schweine
bis ich fertig bin!
Mein Mann erschießt euch alle
wenn ihr noch einen Schritt näher kommt!

Mein Vater sprang vom zweiten Stock aus dem Fenster.
Er brauchte drei ein halb Tage bis er
über die Grenze in den westlichen Sektor gelangte
und erschöpft nach Hause kam.
Ein Telegramm erwartete ihn:
Vater ist heute morgen gestorben,
Gott gebe seiner Seele Frieden.

1947

Schulen wurden im Herbst 1947 wieder geöffnet.
Die Maria Theresia Oberrealschule für Mädchen
wurde meine zweite Heimat.
Es gab keine Bücher
Schulmittel unerhältlich.
Not macht erfinderisch.
Jedes lehrende Wort ins Gehirn geprägt
klare Erinnerung war Macht im Klassenzimmer
wertvolle Gabe wenn gedrucktes Material fehlt.
Aufgaben im Telegrammstil auf kleinsten
Papierecken notiert
Chemie-Formeln auf braunem Packpapier

treasured possessions.
Information trading
a daily quest for passing.
The zeal to create
motivated to excellence.
Using a single sheet of paper
two or three times over,
erasing so carefully
that fibers never thinned,
became practiced art,
apportioning lead inside a pencil's casing,
writing to the very nub
before mournfully discarding the prized tool,
religious epiphany.
Even today I cherish tiny pencils,
hold on to paper offering blank spaces.

Returning home from school,
I was caught in the prop wash
of a gangling American
whose Old Spice sent me reeling.
In pangs of hunger
I saw an image of one
then two
Americans walking ahead.

He noticed my faltering steps.
With malicious grin
he took something from his mouth
flung it to the pavement.
Following twenty paces behind
I picked it up
popped it into my mouth.

unschätzbarer Besitz.
Auskunft Austausch
der tägliche Kampf zum durchkommen.
Im Eifer etwas zu erschaffen
wurden wir ausgezeichnete Schüler.
Wir benutzten ein einzelnes Blatt Papier
zwei oder dreimal indem wir
alte Notizen vorsichtig ausradierten
Papier Fasern schützen -
eine geübte Kunst -
den Blei im Stift so sorgsam zu behandeln
und so lange damit schreiben
bis er kaum zu umfassen ist
und das wertvolle Instrument traurig
mit fast religiöser Einsicht wegwerfen.
Noch heute liebe ich kleine Bleistifte
hebe Papier mit leeren Flächen auf.

Auf dem Heimweg von der Schule
umhüllte mich das starke Parfüm
eines langen Amerikaners.
Von seinem „Old Spice" wurde mir übel.
Vor Hunger
sah ich erst einen
dann zwei Amerikaner vor mir.

Er beobachtete meine wankenden Schritte.
Mit boshaftem Grinsen
nahm er etwas aus seinem Mund
und warf es auf die Straße.
Zwanzig Schritte hinter ihm
hob ich es auf,
steckte es in meinen Mund.

A mint-like sweet substance instantly revived.
I did not care who saw.
I was grateful.

INQUIRIES

Mother made plans to check on the house
on the outskirts of Berlin.
After some delay she received a limited visitor's visa
that let her enter the Russian sector.
She boarded a train in Hamburg
which took her to Wittenberg
where East German border patrols
locked and sealed the railway cars.
The train chugged through gray desolate country,
farms lying fallow, homes in ruins
a skeletal dog foraging for mice in furrows gone wild.
People accustomed to strife
huddled around barely warming stoves
hanging onto bare existence.
Ration cards
presented to store owners who had nothing
on their shelves to share.
Neighbors were brainwashed with Russian propaganda.
Most of them said they felt sorry for my mother
having to live in the Western sector
where conditions were so much worse.
They told her what had happened in the area.

Eine pfefferminzartige süße Substanz belebte mich.
Egal wer es sah.
Ich war dankbar.

ERKUNDIGUNGEN

Mutter machte Pläne sich um das Haus
in Teltow zu kümmern.
Nach einiger Weile bekam sie ein begrenztes
Besucher-Visum womit sie in den russischen Sektor
fahren konnte. Sie nahm den Zug nach Hamburg
und von dort nach Wittenberg wo Ostdeutsche
Grenzpolizisten die Zugtüren verschlossen
und versiegelten.
Der Zug schuckelte durch graue verwüstete Landschaft
an brachen Feldern, zerstörten Häusern vorbei.
Ein Hunde-Skelett suchte nach Mäusen
in ungesätem Feld.
An Not gewöhnt kauerten die Menschen
um kaum wärmende Öfen
hingen an kaum lebender Existenz.
Lebensmittelkarten waren nichts wert
Geschäfte hatten nichts
auf ihren Regalen zu verkaufen .
Die Nachbarn kannten nur russische Propaganda.
Sie waren traurig dass meine Mutter
im westlichen Sektor wohnte,
„wo das Leben so viel härter ist."
Sie erzählten was bei ihnen geschehen war.

The Turk,
father of the happy chirping neighbor family,
six daughters and a son,
opened windows and doors
when artillery fire shook the earth without letup,
when Russian troops stormed Berlin
when reports of advancing hordes confirmed
the end was clear
and near
and he gathered his chirping family in the living room
lined them up in a row in front of him
from the eldest to the youngest,
raised his revolver
placed it against the forehead of his only son, his heir,
and pulled the trigger.
The rest screamed in agony
as he shot the next
and the next
and the next in age.
When six of his children lay dead at his feet
he reloaded
baying insanity
shot his eldest daughter, a young beauty,
then his loving wife,
set the pistol to his own temple.
And finally, there was silence.

Russians on their rampage
fled the scene in horror
not touching a single piece of plunder.
The house stood desolate
summers and winters
window panes gone
doors slamming off their hinges,
dreadful footnote to the time of war.

Der Türke, Vater der glücklichen zirpenden Familie
sechs Töchter und ein Sohn
öffnete die Fenster und Türen
als Artillerie die Erde ohne Aufhören zum Zittern brachte,
als russische Truppen Berlin stürmten
als Berichte über die kommenden Horden bestätigt
und das Ende klar
und nahe war,
und er holte seine zwitschernde Familie ins Wohnzimmer
stellte sie in einer Reihe vor ihm auf
von der Ältesten zum Jüngsten
hob seinen Revolver
setzte ihn an die Stirne seines einzigen Sohnes,
sein Erbe,
und drückte den Auslöser.
Die anderen schrieen voll Entsetzen
als er die Nächste
und die Nächste
und die nächste Tochter erschoss.
Als sechs seiner Kinder tot zu seinen Füßen lagen
lud er die Pistole
bellend im Wahnsinn,
erschoss seine älteste Tochter, eine junge Schönheit,
dann seine heiß geliebte Frau
und setzte die Pistole an seine eigene Stirn.
Dann herrschte Stille.

Tobende Russen
flohen mit Entsetzen vom Tatort
ohne ein einziges Stück Plunder zu ergreifen.
Das Haus stand verwüstet
viele Sommer und Winter
ohne Fensterscheiben
bis die Türen von den Angeln fielen.
eine fürchterliche Fußnote des Krieges.

DIVORCE

For a man itching to extricate himself
from shackles of family responsibilities
divorce seemed the simplest and most viable solution.
Never mind that the family he was abandoning
had a count of four children,
the youngest still of preschool age.
He felt it necessary,
so he told himself and his cronies,
that his psyche had reached its 'prime'.
Life had more to offer, he argued,
than his trusting adjustment-prone mate
was willing to give.
He felt justified, therefore,
to seek his contentment elsewhere
employing a simple
and most direct approach to end
what made him feel uncomfortable.
So obviously in his 'prime',
he hankered to have at his side
someone more willing
equally adulterous
and on the sly
in the dark
while her husband was on night shift.
The man in his 'prime' commandeered his children
to polish his bicycle twice a week
to pump its tires tight
and to make his getaway look sleek
for nightly sprints
to where his dirty little satisfaction hovelled.

SCHEIDUNG

Wenn ein Mann sich aus den Fesseln
seiner Familien-Verantwortung entziehen will
scheint Scheidung die einfachste Lösung zu sein.
Ganz egal ob die Familie, die er verlässt
vier Kinder hat
deren jüngste noch nicht einmal zur Schule geht.
Er fand es nötig -
so überzeugte er sich und seine Bekannten -
dass er ein Man in den besten Jahren war.
Das Leben hatte doch sicher mehr zu bieten
meinte er, als eine vertrauende
sich anpassende Gefährtin zu geben willens war.
Er fühlte sich deshalb berechtigt
sein Wohl anderswo zu suchen
indem er mit einfachem Mittel
den direkten Weg einschlug
um zu beendigen was ihn quälte.
So in voller Lebenskraft
sehnte er sich nach jemand anderes
jemand des gleichen Verlangens,
ebenso ehebrecherisch wie er -
heimlich
im Dunkeln
während ihr Mann auf Nachtschicht war.
Der Mann in seinen besten Jahren
kommandierte seine Kinder
zweimal in der Woche sein Rad
blitz sauber zu putzen
die Reifen auf zu pumpen
für nächtliche Sprints
zur kleinen Dreckbude
wo seine körperliche Befriedigung hauste.

Things moved into serious direction
once the dunced husband realized what was going on
and got himself a lawyer.
Numerous papers were filed,
attorneys consulted
and firm plans were underway
to break up and leave without support
a decent woman and four children.
The fact that they were to receive no support
because the man had no job
was deemed a forgivable reality
left un-addressed by the court.
Once the deal was done,
the court decreed
that children and their mother
were to fend on their own,
and awarded the long suffering husband
his freedom with allowances
of one third of the family's possessions.
A law of guilty until proven innocent
got the case settled to the husband's satisfaction.
Walking away with a moving van's load
he delivered a final humiliating sermon
of obscene accusations
as the last act of personal vengeance.
The man in his 'prime'
had at last obtained his lease on life,
his freedom,
to hell with those he sired
who had kept it from him,
by their mere existence.

Die Sache wurde ernst
als der betrogene Ehemann herausfand
was vor sich ging
und sich einen Rechtsanwalt nahm.
Zahllose Dokumente wurden vorgelegt,
Rechtsanwälte gaben Rat
und feste Pläne waren im Gange
die Familie einer anständigen Frau
und deren vier Kinder
ohne finanzielle Unterstützung aufzulösen.
Die Tatsache, dass sie kein Geld bekamen
weil der Mann keine Arbeit hatte
wurde als angemessen angesehen
und vom Gericht nicht weiter beachtet.
Im Scheidungsprozess
befand das Gericht
dass die Kinder und deren Mutter
für sich selber sorgen könnten
und sprach dem leidenden Ehemann
seine Freiheit und ein Drittel der Familienhabe zu.
Denn ‚im Zweifel für den Angeklagten' ist man schuldig
bis man seine Unschuld beweisen kann.
Und so wurde das Urteil
zum Wohle des Ehemanns beschlossen.
Er zog mit einem großen Lastwagen voll
unseres Familien Besitzes aus,
kanzelte uns in einer letzten
demütigenden Abschlussrede herunter,
voller Beschuldigungen und Drohungen -
der letzte Akt persönlicher Vergeltung.
Der Mann in seinen besten Jahren
hatte endlich sein neues Leben
seine Freiheit
und verfluchte diejenigen die er zeugte
die ihm sein Glück verweigerten
weil sie geboren wurden.

Children and their mother sat huddled
on a sofa.
They put their arms around each other
and had a good cry.
Where would the rent come from?
What to do for grocery money,
money to pay the telephone,
for heating in winter,
for clothing?
At a loss for answers they cried some more.
Despair choking off her tears,
the woman took a deep breath,
folded her hands in her lap and fell silent.
Finally she said:
This is a new situation for us.
We don't know what to do.
We have no one to help us.
We are dependent upon each other now.
In a way we are free,
free to do what is best for the moment
which is to survive.
Above all,
she continued,
her voice becoming firmer,
we don't have to be afraid anymore.
No more shouting,
no more cursing,
no more beatings.
We are free to be happy –
can you imagine that?
We are free to even laugh.
Yes, the children said, catching her optimism,
We can look at life differently, positively.

Die Kinder und ihre Mutter saßen auf
dem Sofa.
Sie umarmten sich nun erst
und weinten.
Wo kommt das Mietgeld her?
Womit kaufen wir Lebensmittel?
Geld fürs Telefon
Heizung im Winter
für Bekleidung?
Sie wussten nicht ein noch aus
und weinten noch mehr.
Verzweiflung trocknete schließlich Tränen,
die Frau atmete tief,
faltete ihre Hände im Schoß und wurde still.
Schließlich sagte sie:
Es ist eine neue Lage für uns.
Wir wissen nicht was wir tun sollen.
Keiner hilft uns.
Wir sind auf uns allein gestellt.
Eigentlich sind wir frei,
wir tun was im Moment nötig ist,
und das ist, dass wir die Sache überleben.
Und die Hauptsache ist
sagte sie
mit stärker werdender Stimme
dass wir uns nicht mehr fürchten müssen.
Kein Schreien
kein Fluchen
kein Prügeln
Wir dürfen froh und glücklich sein
stellt euch vor -
wir dürfen sogar lachen.
Ja, stimmten die Kinder mit Freude ein
wir können jetzt dem Leben positiv ins Auge sehen.

Let's take things one at a time,
let every day bring its own challenges
and solutions.
Let's put a smile on our faces,
think of funny things to say.
Let's just be happy
that our former life has changed
for the better.
And all five decided that life was not all that bad.

They reminisced while pushing left over furniture
into new places,
laughing at their own funny infirmities.
They had meetings at the round table
discussing ways to economize
to make ends meet.
The telephone would have to go
and many other necessities as well,
replaced by optimism
and the will to survive.
Determination a slogan from now on,
repeated often for encouragement
in face of derision.
The five made up their minds
to excel in all they did.
They were going to be as good or better than their peers.
They were going to bear their poverty with pride.
Against all odds
they were going to keep their hopes
and aspirations high and let no one,
ever,
destroy their self esteem again.

Aber eins nach dem anderen:
jeder Tag bringt seine eigenen Sorgen
und hat seine eigenen Lösungen.
Wir machen fröhliche Gesichter
und denken an etwas Komisches.
Lasst uns fröhlich sein
unser altes Leben hat sich aufs Bessere geändert.
Und die Fünf stimmten ein,
dass das Leben gar nicht so schlimm war.

Sie sprachen über die Vergangenheit während sie
übrig gebliebene Möbel an neue Plätze verteilten
und lachten über ihre eigenen kleinen Schwächen.
Sie versammelten sich um den runden Tisch
und besprachen wo gespart werden musste
um mit dem Wenigen das sie hatten auszukommen.
Das Telefon musste abbestellt werden
und viele andere Notwendigkeiten auch,
ersetzt durch Optimismus und den Willen zu überleben.
Entschlossenheit war von nun an ihr Beiwort,
wurde oft zur Ermutigung wiederholt
wenn alles schief zu gehen schien.
Die Fünf beschlossen
in allem was sie taten die Besten zu sein.
Die besten Schüler, die besten Gemeindemitglieder,
und sie trugen ihre Armut mit Würde.
Trotz allem Widerstand verloren sie nie die Hoffnung,
und beschlossen, dass niemand
je wieder ihre Selbstachtung
herunter kanzeln oder zerstören wird.
Niemand.

LESSONS

Fuzzy haired spinster
heinous laugh
never remembering vocabulary nor grammar
came to take English lessons
with her friends, an elderly couple
reserved, quiet, serious, kind.

The spinster owned a bakery stall
at the local market.
A war casualty, mother said.
That was all.
Once a week I was sent
to fetch a loaf of bread
in exchange for lessons.
Once a week I was sent
for a lesson on a violin
that screeched even when bow-caressed.

South entrance of the synagogue.
Stammered greetings:
    Yes, I know, child.
said the short, rotund man
impeccably dressed
extending a puffy hand,
a fringe of curly white hair.
Marcus Michlin.
His serene presence filled the room.

    Mother made me come,
    I hate this violin,
    let's cancel this whole thing, all right?
Gray eyes evaluating impertinence.
    May I see your instrument.

UNTERRICHT

Die Jungfer mit zerzaustem Haar
und ihrem abscheulichen Gelächter
die nie ihre Vokabeln und Grammatik lernte
kam zum Englischunterricht
mit ihren Freunden, einem älteren Paar
still und reserviert, ernst aber freundlich.

Die Jungfer hatte einen Bäckerei Stand am Markt.
Eine Kriegsverletzte, sagte meine Mutter.
Und das war alles.
Einmal in der Woche wurde ich
um einen Leib Brot zum Markt geschickt
im Austausch für Englisch Stunden.
Einmal in der Woche musste ich
zum Violinunterricht mit dem Instrument
das selbst bei vorsichtigem Streichen kreischte.

Zum Südeingang der Synagoge -
gestammelte Begrüßung
        Ja, ich weiß, Kind,
sagte der kleine runde Mann
vornehm gekleidet
und streckte seine dicke Hand aus
ein Kränzchen weißes Haar um seine Glatze.
Markus Michlin.
Seine klare Gegenwart füllte das Zimmer.

    Meine Mutter schickt mich
    ich hasse diese Geige
    am Besten wir sagen die ganze Sache ab
        nicht war?
Graue Augen beobachteten Unverschämtheit.
    Darf ich dein Instrument sehen?

Shoving it under his nose
he took it gently by the neck.
 When was the last time you played?
 A year ago, maybe two.
 Lesson Number One,
 always take the tension off your bow when quitting.
He played a gypsy melody.
 A very bad instrument…
 Good, that takes care of it then!
 …but I will teach you how to play this bad instrument
 and make it sound as if its tone came from a good one.
Serious gaze, no room for arguments.
And with that the old man took on
an obstinate student
of mediocre talent who played a bad violin.

 I hid his family in my attic,
Miss Keppler said from behind
her glassed-in counter stall.
 My no-good brother squealed to the SS.
 They put us all in the concentration camp.
 ha-ha-hey-hey-hoooo
howling in borderline insanity.
 Here…and practice your violin,
 he deserves respect.
Two loaves of bread hit my collarbone.

Marcus Michlin insisted on accuracy of tone and technique,
taught importance of pauses
intricacies of apportioning space to bow,
made me tap beats with the right foot,
listened with grave attention
to teenage complaints
about lessons too difficult
time too short to practice,

142

Ich stieß es ihm unter die Nase
Er nahm es sanft beim Hals
Wann hast du das letzte Mal geübt?
Vor einem Jahr, vielleicht zwei
Regel Nummer Eins,
schraub' immer den Bogen ab wenn du aufhörst
Er spielte eine unbekannte Zigeuner Melodie
Ein sehr schlechtes Instrument...
Gut, dann machen wir gleich Schluss!
... aber ich werde dir zeigen wie man auf einem
schlechten Instrument spielt und es sich
anhört als käme es von einem guten.
Sein ernsthafter Ausdruck erlaubte keinen Einwand
Und damit nahm der alte Mann
die eigensinnige Schülerin an
die mittelmäßiges Talent und eine schlechte Geige hatte.

Ich hab' seine Familie im Dachboden versteckt
erklärte Fräulein Keppler hinter dem
Schutzglass ihrer Bäckerei.
Mein Mistbruder hat es der SS verraten
und wir sind alle ins K.Z. gekommen.
Ha-ha-hey-hey-hooooo
heulte sie in begrenztem Wahnsinn.
Hier... und übe deine Geige
er verdient Respekt
Zwei Brote flogen an mein Schlüsselbein

Markus Michlin bestand auf reinen Ton und Technik,
lehrte Wichtigkeit von Pausen
richtige Art und Weise den Bogen einzuteilen
bestand auf getippten Takt mit rechtem Fuß
hörte mit würdevoller Aufmerksamkeit zu
wenn ich mich über seine schwierigen Aufgaben
und zu wenig Übungszeit beschwerte

teasingly gave guidance and encouragement.
With determination
he instilled tenacity,
the need for daily practice.
Always impeccably dressed
he insisted on timeliness
and never short changed allotted lesson time.
His uncompromising demands for excellence
chaffed my youthful impatience
yet, I did not dare disappoint him.

In two years' time he succeeded
in molding a mediocre student
into a disciplined, methodical violinist
who took music seriously
who practiced two hours a day,
seven days a week,
evoking melodies that haunted
from an instrument unfit to play.

They had found them all right,
carted them off to Dachau, all four:
The First Violinist of the Berlin Philharmonic Orchestra
his wife and son, and their protector.
Allied forces freed them,
gave them a place to live,
to start over.
Never blaming anyone
they lived in quiet dignity,
Marcus Michlin teaching his students.

When visas for emigration
to Australia were delivered
my heart broke.
Missing him dreadfully

gab lächelnd und ein wenig zynisch
guten Rat und Ermunterung
Er lehrte mich bei der Aufgabe zu bleiben
lehrte Notwendigkeit des täglichen Übens
Immer bestens angezogen,
bestand er auf Pünktlichkeit
und schummelte nie an Unterrichts Zeit
Seine unbeugsamen Forderungen
an ausgezeichneter Leistung zerrte an
meiner jugendlichen Geduld jedoch
wagte ich nicht ihn zu enttäuschen.

Innerhalb von zwei Jahren vollbrachte er es
einen mittelmäßigen Schüler in einen
disziplinierten, methodischen Violinisten
zu prägen, der Musik ernst nahm,
jeden Tag zwei Stunden übte
und wunderbare Melodien
aus unspielbarem Instrument hervorlockte

Sie hatten sie gefunden
und nach Dachau geschleppt
Alle vier: der erste Violinist der Berliner
Philharmonie, seine Frau und Sohn
und ihre Beschützerin
Alliierte Truppen befreiten sie
gaben ihnen eine Wohnung
um wieder von Vorne anzufangen
Sie beschuldigten niemand
lebten in stiller Würde:
Markus Michlin unterrichtete seine Schüler.

Als eines Tages Visen zur Auswanderung
nach Australien zugestellt wurden
brach mir das Herz.
Ich vermisste ihn fürchterlich

I was surprised to find
how much I loved him.
My anchor, my guide
the only person ever
to focus attention
to forging my character,
to fostering my future
had left me.
Desperate
I put away
lost aspirations
and the violin.

CHALLENGES

American resolve,
the erstwhile conqueror
was now the beloved liberator.
Swastikas were a thing of the past.
Western Europe was being groomed
for a future that contained hope.

In eager quest to communicate
English lessons became the rage of the day.
With interest we practiced reading aloud
Readers' Digest issues of dates long past,
groping for meanings, idioms' translations,
discussing, commenting,
stumbling through vocabulary assignments,
heaving meaningful sighs,
puffing audible exhales

und konnte nicht glauben
wir sehr ich ihn liebte.
Mein Anker, mein Ratgeber!
Der Einzige der sich
für meine Zukunft interessierte
meinen Charakter
zu entwickeln wusste,
verließ mich nun.
Verzweifelt
legte ich
mein musikalisches Streben
und die Geige
für immer weg.

AUFFORDERUNGEN

Die amerikanischen Sieger
und ihre gnadenvollen Entscheidungen
wurden geliebte Befreier.
Mit den Hakenkreuzen war es vorbei
und Westeuropa wurde
auf hoffnungsvolle Zukunft vorbereitet.

Besiegte wollten sich dankbar zeigen
und englisch lernen. Dies war das Wichtigste des Tages.
Wir lasen alte Readers' Digest Ausgaben
versuchten herauszufinden was gemeint war
suchten nach besonderen Ausdrücken und
Übersetzungen, diskutierten
stellten unzählige Fragen
stolperten über Vokabeln,
durch komplizierte Aufgaben
seufzten tief und nachdenklich

over tricky words to chew
foreign sounding pages challenging minds
straining to absorb American thinking.
    Just wait till you read <u>this</u> story,
we'd say to one another,
        it'll really perk your gray putty.

Legendary D-Day landing troops
fighters of the Bulge, forgers over Rhine and Main,
seasoned victors of Danube, Elbe, Oder and Neisse
jubilant men exchanging C-rations and cigarettes
for Russian bear hugs and vodka
dancing the jitterbug and czardas --
those men had been replaced
by occupation forces,
career soldiers
non-fighters
some hiding from their country's warrants.

The Lutheran church
supposed bastion of encouragement for
parishioners in those lean years
proved much less so.
We were tolerated,
mainly ignored
except for the pastor's daughters
who couldn't care less
what or who we were.
We stuck together

und pusteten laut über schwer
auszusprechende Wörter
im Inhalt einer fremd klingenden Sprache
die unser Gehirn reizte
und wir uns mächtig anstrengten
das amerikanische Denken zu verstehen
        Warte erst bis du diese Geschichte liest
forderten wir uns gegenseitig auf
        eine richtige Turnarbeit fürs Gehirn.

Die sagenhaften Landungstruppen der Normandie
Kampftruppen der Ardennen
die den Rhein und Main überquerten
abgehärtete Sieger der Donau, Elbe, Oder und Neiße
jubilierende Truppen die ihre Rationen und Zigaretten
für russische Umarmungen und Vodka austauschten
die Jitterbug und Csardas tanzten -
diese Truppen wurden nun
von Besatzungstruppen abgelöst.
Dienst Soldaten
Nicht-Kämpfer
manche, vom Gericht verfolgt,
versteckten sich im Militär.

Die Lutherkirche,
Bastion seelischer Ermutigung
der Gemeindemitglieder
bewies sich als etwas anderes.
Wir wurden geduldet
und meistens ignoriert.
Nur die Pfarrtöchter gaben sich mit uns ab.
Ihnen machte es nichts aus
was oder wer wir waren.
Wir hielten zusammen,

doing assigned homework,
roaming with adventurous excitement
the many rooms, halls, hidden closets
underground passages and catacombs
of the St. Anna church
where Martin Luther spent
three years in hiding.

On Wednesday evenings the youth group met
for nun-supervised bible study
and we harmonized prettily
coming Sunday's church hymns.
Four sisters who tried hard
to redeem themselves and climb to good graces
in the community's eyes
with next to no success.
But we had our mother to look up to
who worked her fingers to the bone
kept us fed and the rent paid
and who in her own scatter brained charming way
kept things from falling apart.

And suddenly the Marshall Plan was ratified.
Devaluation ten to one of the Reichsmark,
every man, woman and child received
forty Deutsche Mark, as Kopfgeld,
a new life with money worth its value.
Glad to be working for profit again
rebuilding with vigor the ruined country,
daring to be happy, hopeful,
phoenix of life and of business.
New housing!
Basic commodities
in stores overnight
and even a few automobiles
began traveling the Autobahn again.

machten unsere Hausaufgaben
und untersuchten mit Leidenschaft
die vielen Zimmer, Hallen, und verborgenen
Kabinette, Untergrund Passagen und Katakomben
der St. Anna Kirche wo Martin Luther
sich drei Jahre verborgen hielt.

Am Mittwoch Abend traf sich die Jugendgruppe
um unbeaufsichtigt die Bibel zu lesen
und wir intonierten hübsch
die Lieder für den nächsten Sonntag.
Wir waren vier Schwestern die sich anstrengten
in der Gemeinde einen guten Ruf
zu erringen, ohne sichtlichen Erfolg
Aber wir hatten das gute Beispiel unserer Mutter
die Tag und Nacht für uns schuftete
uns mit Essen versorgte und die Miete bezahlte
und die in ihrer eigenen zerstreuten
scharmanten Weise die Familie zusammen hielt.

Und plötzlich wurde der Marschall Plan eingeführt
die Reichsmark zehn zu eins abgewertet,
jeder Einwohner bekam vierzig Deutsche Mark
als Kopfgeld – ein neues Leben
und Geld war endlich wieder etwas wert.
Deutsche waren froh wieder Einkommen
zu haben. Sie bauten mit Freude das
ruinierte Land wieder auf,
wagten froh zu sein,
waren voller Hoffnung.
Auferstehen des Lebens und der Wirtschaft.
Neue Häuser!
Notwendige Waren tauchten über Nacht
in den Geschäften auf
und sogar ein paar Autos
fuhren wieder auf der Autobahn.

SCHOLARSHIP WINNER

Three students
on a transport ship filled to bursting
with returning troops and their war brides.
Ship stewards were forever looking
for our husbands.
 No, comma, we are students
 on a year's scholarship to an American high school.
For twelve days
in late December
the troop transport heave-rolled,
lugging its sea sick passenger cargo
across the North Atlantic.
Late night
the captain dropped anchor
asking that we stay put until six next morning
by which time most had revived sufficiently
to leave ship on fairly steady legs.

Gentle whirls of snowflakes danced a welcome
over New York's skyline
and overwhelmed students
breathless, in awe
at sheer immensity of sight seen.
Crossing from state to state,
no patrol stopped cars
no passports were demanded,
no driver's licenses asked for.
Newcomers were invited to roam free.

STIPENDIUM

Drei Schüler
auf einem Truppen Transport
der bis zum letzten Platz mit Soldaten
und ihren Kriegsbräuten belegt war.
Schiff Stewards suchten immer
nach unseren Ehemännern.
Nein, Komma, wir sind Schüler
die ein Jahres Stipendium an einer
amerikanischen Schule verbringen.
Im späten Dezember
rollte und bäumte sich das kleine Schiff
über den Nord Atlantik,
seine seekranken Passagiere mit sich nehmend
zwölf lange Tage.
Spät in der Nacht
warf der Kapitän Anker und gab Befehl
bis zum Morgen in den Kabinen zu bleiben
worauf die meisten sich soweit erholten
dass sie das Schiff auf ziemlich sicheren
Beinen verlassen konnten.

Sanfter Wind wirbelte Schneeflocken
im Willkommen über New Yorks Horizont.
Wir waren sprachlos
über die unwahrscheinliche Größe der Stadt.
Keine Zollkontrolle hielt unser Auto an
kein Pass wurde gefordert
es wurde nach keinem Führerschein gefragt.
Neuankommende wurden eingeladen
sich das Land anzusehen

Smiles, hugs, well wishes.
One by one the students dissolved into sobs
at the sheer magnanimity of life and love
of this New World and its huge dimensions.

GOING SOUTH

Grand Central Station –
foreign sounds buzzing in my ears.
A lady settled herself beside me
her skin was black and I was frightened.
Don't fall asleep, I told myself,
she's got a knife, will slit with might
this throat, should I be dreaming deep.

Through the night the train rolled on,
I woke when early dawn the flying earth had kissed
still whole, unharmed
the lady wide awake and tired,
had watched over me all night.
Atlanta was in sight.

    Say youa name, honey, say youa name,
a persistent voice entreated
and finally it dawned that this repeated
shrieking was some form of English.
    Madam, I spoke respectfully,
    I am known...
    it's her, it's her -- squealing interrupted
    Our foreign student's this one!
        My God, she speaks like something British,

Lachende Menschen, Umarmungen, gute Wünsche
Wir Schüler brachen einer nach dem anderen
in Tränen aus über die Großzügigkeit
der Menschen, über offene Freundlichkeit
in ihrer – und unserer - Neuen Welt mit seinen
unwahrscheinlichen Dimensionen.

NACH DEM SÜDEN

New Yorks Hauptbahnhof, Grand Central Station,
fremde Laute klingen in den Ohren.
Eine Dame setzte sich neben mich
mit schwarzer Haut. Mir war Angst.
Schlaf nur nicht ein, sagte ich mir
sie hat ein Messer und sticht dich in den Hals.

Der Zug rollte durch die Nacht
Ich erwachte als früher Morgen die Erde küsste
ungehärmt und warm,
die Dame wach und müde
hatte die ganze Nacht über mich gewacht.
Atlanta war am Horizont.

Sag deinen Namen, Honey, wie heißt du denn
rief eine dringende Stimme
und mir wurde schließlich klar
dass ihr Quietschen irgendwie Englisch war.
Gnädige Frau, sagte ich mit Ehrfurcht
man nennt mich...
sie ist's, sie ist's,
unterbrach die Schrille
hier ist unsere Auslandsschülerin!
Mein Gott, sie spricht wie ein Brite

does she know English?
we'll have a lot to teach her.
Come on y'all, lets take her home
and show her off to the church and neighborhood.

A town unknown,
guest of a different people,
all speaking in odd tones
Southern drawl, quite refined,
said the men while belts were lustily hiked
and wet cigars tongued from left to right,
aiming to please, Ma'am, that's right.

Passed from church to lodge to ladies groups
all had questions in lilt and loop -
I took to guessing what was said,
nodded 'yes' and silently prayed
that half the answers would be right.
Southern drawl a wonderful fright!
All new faces with American names,
some obvious and some arcane
keeping them straight,
who has such mental prime?
Wearing a smile,
I tried to remember at least mine.

ob sie wohl Englisch kann?
Sie muss noch viel von uns lernen.
Kommt alle, wir nehmen sie nach Hause
und stellen sie in der Kirche und den Nachbarn vor.

Eine unbekannte Stadt
als Gast ganz anderer Leute
die in eigenartigen Töne sprachen
südlicher Drawl, sehr vornehm,
sagten die Männer und zogen lüstern an ihren Gürteln
während sie Zigarren von einer Mundseite
auf die andere schoben.

Ich wurde in der Kirche, der Lodge, bei Damen
Kränzchen vorgestellt und alle hatten Fragen
mit Trillern und im Sing-Song des Südens,
wovon ich nichts verstand.
Ich fing schließlich an zu raten
nickte artig „Ja" und betete leise
dass mindestens die Hälfte richtig beantwortet war.
Southern Drawl, solch wundervolle Sprache!
Neue Gesichter mit amerikanischen Namen,
manche einfach und manche mysteriös
wer hat genug Gehirn alles zu behalten?
Ich lächelte und hoffte meinen eigenen
nicht zu vergessen.

Class mates came in droves to discuss
what the high school curriculum was.
They all looked so wholesome, so clean, so relaxed
they never seemed stressed, or frightened or even vexed.
Lots of Revlon *Touch and Glow*,
blemishless beauties made a show.
Poodle skirts and snowball socks,
starched cotton blouses and saddle ox',
they played Clair de Lune,
the boys bounced boogie-woogie
they talked about football and baseball and playing hooky
and in between, the girls crooned and screamed
when their heart-throb showed up on the scene.

Quarterback Delmas Whitten,
with whom the girls were severely smitten
chewing gum in leisure saunter
under lowered lids
his eyes did banter
adoring blushes and hearts aflutter
reducing to whimpers
and stutters
brushing close,
wafting Old Spice,
taking his pick
of southern belles' ecstatic cries.
    What do you think?
they implored me to declare
once he'd left and given a last stare.
Opined in duress and not to disparage,
    he is very beautiful,
I muttered with courage

.

Mitschüler kamen in Horden um zu diskutieren
welche Fächer zu nehmen waren.
Sie sahen alle so gesund und sauber aus,
so entspannt, niemals überregt, verängstigt
oder verdrossen. Makellose Schönheiten,
Revlon makeup „Touch and Glow"
in Pudelröcken und Schneeballsocken
gestärkten Blusen und Sattelschuhen.
Sie spielten Clair de Lune,
die jungen Männer Boogie Woogie
sie sprachen von Football und Baseball
und vom Schuleschwänzen.
Die Mädchen summten und quietschten
besonders wenn ein Verehrer plötzlich erschien.

Quarterback, Delmas Whitten
in den sich alle fürchterlich verliebten.
Er kaute Gummi im legeren Gang
flirtete gefährlich unter halbgeschlossenen Augen.

Die Damen zerschmolzen in Seufzern
mit anbetendem Erröten,
flatternden Herzen und Stottern
wenn er sich heran drängelte,
nach Old Spice riechend
und nahm den Preis kleiner Schreie
wie ein Kriegsheld an.
        Was hältst du von ihm,
wurde ich gefragt als er mit letztem Blick
sich von uns wandte.
Im Zwang guter Meinung und niemand zu verletzen,
        Ein bildschöner Mensch,
murmelte ich zerstreut, total verwirrt.

The principal, compassionate and dear
spoke in whispered undertones too faint to hear.
He scribbled, handed a half page across his desk,
my schedule, my springtime quest.
Junior English, Senior English, American History,
Typing, and Problems of Democracy.
Oh Charles Dickens and his grammar!
Noisy fun typing, fingers pecking at stammer
and Problems of Democracy
posed a huge set of different subjects to roast.
So many challenges and different ideas,
the western world upside down to my ears.
Patiently teacher and students explained
until no traces of doubt remained
that democracy was a wondrous thing
running scot-free, the New World in perfect sync.

Der Direktor, mitfühlend und lieb
sprach in Wispertönen zu leise zu verstehen.
Er schrieb etwas auf ein halbes Blatt, schob es
über den Schreibtisch: mein Stundenplan,
meine Frühjahrs Aufgabe.
Junior Englisch, Senior Englisch, amerikanische Geschichte
Schreibmaschine und Probleme der Demokratie.
Oh Charles Dickens und seine Grammatik!
Lautes Tippen, Spaß mit den Tasten
Probleme der Demokratie waren Probleme
für mich: alles war so anders in dieser Politik.
So viele Neuigkeiten und andere Ideen
die westliche Welt war mir wie umgekehrt.
Mit Geduld erklärten Lehrer und Schüler mir
dass es sich mit der Demokratie ganz wunderbar verhält
jeder ist frei und die Neue Welt richtig geeicht.

EPILOGUE

On scholarship in a New World
life was blue skies
a nation of good will
peace, kindness, love.

And hope nailed itself into my heart
square pegged, rigid,
dovetailed the fiber of my life
holding its frame to the young green wood
in wedged tightness.

A newness, a wholeness of mind
to be honed and polished
made smooth and glad,
gained at cost
never to be surrendered
never to be lost.

NACHWORT

Ein Stipendium in der Neuen Welt
das Leben voll blauen Himmels
ein Land guten Willens
Friede, Güte, Liebe.

Und Hoffnung nagelte sich in mein Herz
rechtwinkelig und fest, begann
das Leben zusammen zu fügen
hielt den Rahmen des jungen grünen Holzes
mit gekeilter Straffheit.

Ein Neusein, ein Heilen der Seele
es zu hobeln und polieren
es glatt und froh zu schleifen
mit Kosten errungen
nie wieder aufzugeben
nie wieder zu verlieren.